普通高校非奥运特色项目系列教材

U0738324

Radio Direction Finding

无线电测向

主　编　董育平

副主编　张　锐　孙进军

编　委：（以姓氏笔画为序）

孙芝凤　吴叶海　陈志强　陈国苗

施晋江　钱宏颖　傅建东　潘雯雯

ZHEJIANG UNIVERSITY PRESS
浙江大学出版社
·杭州·

普通高校非奥运特色项目系列教材

学术顾问委员会

张　杰　中国美术学院体育部主任、浙江省大学生体育协会健美操分会秘书长

钱铁群　浙江大学公共体育与艺术部教授

董晓虹　浙江大学公共体育与艺术部教授

卢　芬　浙江大学公共体育与艺术部工会主席

董育平　浙江大学公共体育与艺术部场馆与信息建设中心主任

潘德运　浙江大学公共体育与艺术部竞赛训练管理中心主任

张　锐　浙江大学公共体育与艺术部公共体育教育中心副主任

吴　剑　浙江大学公共体育与艺术部体育竞赛训练管理中心副主任

虞松坤　浙江大学公共体育与艺术部场馆与信息服务中心副主任

鲁　茜　浙江大学公共体育与艺术部体育艺术研究中心副主任

金鸥贤　浙江大学公共体育与艺术部教育教学管理科科长

叶茵茵　浙江大学公共体育与艺术部综合办公室主任

袁华瑾　浙江大学公共体育与艺术部综合办公室副主任

普通高校非奥运特色项目系列教材

编 委 会

（以姓氏笔画为序）

序
PREFACE

　　高等学校体育是整个国民体育的基础，是我国体育工作的重点。21世纪高等教育更注重促进人的全面发展，强调"健康第一"，全面推进素质教育，把教育改革提高到一个新的高度。2010年《国家中长期教育改革和发展规划纲要》指出，今后十年我国教育改革发展要贯彻优先发展、育人为本、改革创新、促进公平、提高质量的方针。随着社会发展和人的需求的变化，高校的社会功能被不断拓展，体育的育人功能日益突显，目前"办特色学校 创教育品牌"已成为我国众多教育工作者的共识。时代在变，学生的兴趣爱好也在变，丰富高校体育课程资源，开创学生喜闻乐见的体育项目势在必行。

　　非奥项目是相对于奥运项目而言。中国地大物博，非奥体育项目丰富多彩，通常都是人们喜闻乐见的传统体育项目，具有广泛的传播性、娱乐性，或较强的民族色彩，显示出独特的魅力。这些源自生活的体育项目，更显亲和力，满足了人们对多样化体育的观赏和参与的需求，为促进体育文化交流提供了广阔舞台，促进全民健身活动的广泛开展。

　　浙江大学公共体育部依托浙江省人民政府、浙江省体育局授予"浙江省非奥项目发展培训基地"为契机，依据学校培育的目标，在公共体育教育中确立突出以非奥项目为特色，强调学生的参与性、普及性、趣味性和文化特色，积极发掘非奥项目其特有的健身和文化价值，推动普及和提高。将具有民间、民俗风情和富有地方特色的非奥体育项目运用到大学体育教育之中，为大学生从事终身体育打下基础。使非奥运项目与奥运项目相互促进，真正形成内容丰富多彩、形式活泼多样、学生积极参与的校园体育文化氛围。

　　这套非奥项目系列丛书包括健美、体育舞蹈与排舞、武术、健美操、定向越野、无线电测向、桥牌、五人制足球、三人制篮球、英式橄榄球、软式网球等十余种，结合健康教育理念，融知识性、趣味性与实用性于一体，选题新颖，是目前国内普通高校公共体育教育中不可多得的选项课教材。

北京体育大学副校长

前 言
FOREWORD

　　无线电测向运动类似于众所周知的捉迷藏游戏,它是寻找能发射无线电波的小型信号源(即发射机),是无线电捉迷藏,是现代无线电通信技术与传统捉迷藏游戏的结合。

　　无线电测向运动的体育性、科技性、趣味性特点,吸引了成千上万的爱好者。越来越多的学生、家长对此运动产生了浓厚的兴趣,无线电测向运动也逐步进入体育课堂。无线电测向课程的开展,对于开阔学生视野、增长知识、增强体魄、磨炼意志,加强国防教育,培养独立思考和分析判断能力,促进学生德、智、体、美的全面发展具有重要意义。它是一个寓教于乐的活动,它的魅力就在于每一次活动的神秘与探险。

　　为了推广和普及无线电测向运动,丰富校园体育文化,根据无线电测向运动的特点及开展校园无线电测向运动的实际情况,我们编写了这本无线电测向运动教材。本教材的编写人员均系从事体育教学一线的教师,不但专业基础知识扎实,而且有多年无线电测向运动教学、训练及组织校园无线电测向比赛的实践经验。

　　本书第一章介绍了无线电测向运动,梳理了无线电测向运动的发展历程、分类特点与健身价值;第二章介绍了无线电测向基础知识,包括对无线电测向原理、无线电测向机和发射机进行了详细阐述;第三章介绍了无线电测向运动基本技术及运用,包括无线电测向运动的初级技术、中高级技术和地形学知识;第四章介绍了无线电测向运动训练、安全与评价;第五章介绍了无线电测向运动竞赛组织与规则。本书力求简单明了、通俗易懂,可作为普通高等学校公共体育课无线电测向教材,也可作为无线电测向运动爱好者的自学自练教材。

　　在编写过程中,我们参阅和引用了国内外一些有关无线电测向运动的文献和资料。在此,谨向各位著者表示最诚挚的谢意。另外,还有很多同志、同学在本书的编校过程中付出了大量劳动,在此一并表示衷心的感谢。

　　限于编写人员水平及实践经验,尽管数易其稿,但书中仍有许多错漏之处,敬请广大读者批评指正。

董育平

2016 年 12 月

目 录

◆CONTENTS

第一章　无线电测向运动概述

无线电测向运动是在自然环境中,采用徒步、奔跑方式,利用无线电测向机,迅速、准确地逐个寻找出隐蔽电台。以在规定时间内,找满指定台数、实用时间少者为优胜的运动项目,是现代无线电通信技术与传统捉迷藏游戏的结合。

第一节　无线电测向运动起源与发展

无线电学是在物理学发展过程中分离出来的一个学科。它是从 19 世纪末兴起,经过无数科学家的辛勤劳动,积累了大量的实验和理论研究成果,逐渐发展起来的。无线电运动包括无线电工程设计制作、无线电收发报、无线电测向、无线电通信和业余无线电台等五个项目。

无线电测向运动是竞技体育项目之一,也是无线电运动的主要内容。它类似于众所周知的捉迷藏游戏,它是寻找能发射无线电波的小型信号源(即发射机),是无线电捉迷藏,是现代无线电通信技术与传统捉迷藏游戏的结合。大致过程是:在旷野、山丘的丛林、近郊、公园等优美的自然环境中,事先隐藏好数部信号源,定时发出规定的电报信号。参加者手持无线电测向机,测出隐蔽电台的所在方向,采用徒步方式,奔跑一定距离,迅速、准确地逐个寻找出这些信号源。以在规定时间内,找满指定台数、实用时间少者为优胜。因此,无线电测向是以无线电测向机为工具,寻找隐蔽发射台的运动。因发射台隐蔽巧妙不易发觉,被喻为"狐狸",故此项运动又称无线电"猎狐"或抓"狐狸"。

无线电测向运动是体育与科技相结合的竞技项目。"狐狸"(发射台)经常伪装十分巧妙,虽然规则规定它的发射功率是 2～5 瓦,但因受地形、气候等因素影响,它发出的信号有时比较弱而且容易漂移。这就要求运动员不但要有良好的身体素质,而且还要掌握一定的无线电知识。因此参加无线电测向运动,既锻炼了身体,又学到了无线电知识。大自然的无限生机也陶冶了运动员的情操。因此无线电测向运动吸引着成千上万的爱好者。

一、无线电运动概述

1864 年,英国科学家麦克斯韦总结了前人的工作,第一次提出了"电磁理论",即"在导体中来回振荡的交流电可以向空间辐射出电磁波,而这些波会以光的速度向外传播。"当然,在当时还未被实践证明,这仅仅是一种预言。但这也是一个划时代的科学论断。

麦克斯韦的理论在当时曾受到一些著名科学家的怀疑,因为人们并没有看见过"电磁波"。许多科学家千方百计用实验去证明它或否定它。23 年之后,1887 年德国科学家赫兹成功地进行了用人工方法产生电磁波的实验,从而在实践上证明了"无线电"的存在。在赫兹的实验中,收发之间不过是一墙之隔,通信距离是微不足道的。但它确实证明了不用电线连通就可以传播电信号。

赫兹实验的成功,激发了许多人从事扩大通信距离的尝试。既然一墙之隔能够成功,通信距离扩大到几米、几十米、几百米甚至更远一些,行不行呢?从事这种实验的人是数不胜数的,其中有代表性的是俄国的波波夫和意大利的马可尼。1895 年波波夫展示了他新制造的一架无线电接收机,并于次年向 250 米外发送了电报。几个月后,马可尼实现了 1500 米左右距离的通信。两人的实验是彼此独立的。马可尼于 1896 年取得了专利。自此以后,通信距离不断增加。1900 年波波夫通过无线电对 45 公里外的破冰船发出指令,拯救了冲入大海的 27 名渔夫。马可尼于 1901 年 12 月 12 日成功地进行了跨越大西洋的无线电通信实验,无线电波从英国的波尔多城飞越重洋到达美国的纽芬兰,距离约 3200 公里,从此,世界进入了无线电通信的新时代。

这以后,随着电子管、晶体管、集成电路的相继出现,无线电用于通信、广播、电视、导航、遥控、遥测等各个领域,成为人类不可缺少的重要技术手段之一。现在人们周围环绕着无数的无线电波,仿佛置身于电波海洋之中,几乎家家户户通过广播、电视、电报同无线电保持着密切的联系。

在无线电通信技术发展进程中,几乎每个阶段都留下了业余无线电爱好者的足迹。在无线电通信技术的发展初期,专业工作者还限于使用长波和中波作为主要的手段。专家们当时以为,短波容易被地面吸收,衰减快,通信不可靠,不稳定,波长越短电磁波损失越大,发送距离越近。广大无线电爱好者被禁止使用长波和中波,只好向短波进军。正是这些数以万计的无名工作者们,多次利用小功率短波电台实现了数千公里的通信,在20 世纪 20 年代积累了极其丰富的经验,取得了大量的第一手资料,证明了通信的优越性。之后,各国政府和专家们又想制定法律,把短波划属专用,禁止业余爱好者使用短波段。为此,在 20 世纪末期,曾由美国业余无线电协会会长作为业余者的代表去海牙国际法庭据理抗争,结果得到胜利,把短波中的几个频段专门划归业余爱好者使用。目前航海和航空模型竞赛中使用的遥控设备的工作频率、业余无线电短波通信和无线电测向运动中最常用的 2 米波段($144 \sim 146 \text{MHz}$)、80 米波段($3.5 \sim 3.6 \text{MHz}$)、160 米波段($1.8 \sim$

2MHz),都处于"业余频段"中。业余无线电爱好者最早使用了晶体控制振荡器、再生式收信机、单边带无线电话和慢扫描电视等,丰富了通信手段,推动了无线电技术的发展。业余无线电活动还培养和造就了无数的无线电工作者和专家。因此,世界无线电行业公认在无线电技术发展中,无线电业余爱好者做出过巨大贡献。

二、无线电测向技术的发展和应用

早期无线电通信中,天线发射的电磁波传向四面八方。而朝通信方向以外辐射的电磁波都"浪费"掉了。为了节省电台功率,保证预定方向通信可靠,人们致力于研究电磁波的定向发射和定向接收,其中关键部分便是定向天线的研制。定向接收天线的研制和应用,为无线电测向奠定了基础。

20世纪初,无线电测向的主要设备——无线电测向仪投入使用,因为体积较大,只用于航海。20世纪40年代,德国成功研制小型测向仪装在飞机上,利用伦敦广播电台的电磁波导航,对伦敦进行了轰炸。"二战"期间,由于军事上的需求,交战双方研究和改进测向设备特别是机载设备,使测向设备、测向技术等得到了长足的发展。

在航海中,航海规范及有关国际公约中规定1600吨以上的海船必须安装测向仪。因为在海上遇险救助中,测向仪有重要意义。拥有海岸线的国家都要在沿海专设监测台站,这些监测台站在接收到遇难者发出的紧急呼救信号"SOS"后,都有义务测定遇难者的位置,派船和飞机援救。除去导航援救外,无线电测向还有另外的多种用途。在军事方面,它还是一种重要的侦察工具,可测定敌方的电台位置,了解其配置和移动路线,从而掌握敌方的活动规律,许多国家的军队中都设有专门的无线电测向部队。在第二次世界大战末期,美国曾组织了一个大范围的无线电测向网,专门用于监测德军潜艇的行踪。只要潜艇升出水面进行无线电通信,就可以测出它的具体位置,命令反潜飞机前去轰炸。在战争中,无线电测向技术也是一种重要的侦察和救生手段,当今军事装备相当先进的美国空军飞行员,在救生设备中就装备着用于空难坠地后,为营救人员精确定位用的小型测向发射电台。反间谍斗争中,利用测向技术可以测出间谍电台的位置予以破获。在无线电通信设备使用的管理中,人们使用无线电测向技术检测非法电台和违犯无线电管理法规的电台讯号来自何方。在生产上,可用于检查高压供电系统中的瓷瓶漏电。在科研工作中,无线电测向技术被用于雷电监测,探测雹云的形成及其运动。此外,无线电测向还可用于监测陆上动物及海上常浮出水面的动物的行踪。例如在四川卧龙自然保护区,中外科学家将微型发射机固定在大熊猫的颈部,通过测向掌握大熊猫活动的范围及"起居",探索它在大自然中生活的奥秘。随着无线电测向知识的普及和无线电测向设备的小型化,无线电测向技术在更多更广泛的领域内开花结果,为丰富人类生活和发展生产做出新的贡献。

近些年来,较为先进的助航仪器,如罗兰、奥米伽、雷达大量使用,它们同测向仪相比,具有操作简便、定位精度高的优点,逐渐在许多方面替代了测向设备。但是无线电测向仪也具有自己的优点:第一,结构简单,造价较低,工作可靠。第二,对发射电台没有特殊的要求。第三,到目前为止仍然是一种简便测定无线电发射台方向的一种设备。因此,无线电测向仪在目前仍得到普遍的重视,继续发挥着它无可替代的作用。

作为休闲活动,测向运动是一个寓教于乐的活动,它的魅力就在于每一次活动的神秘性与探险性。它可以在风景秀丽的山麓、公园等地进行,由于所处的环境情况的不同,参与者要根据实际情况,利用测向机追寻着电台发出的电码,也可团结协作寻找到电台。无线电测向运动即培养了团队精神,又锻炼了体魄。

作为野外探险的一项安全保护措施,在探险中,每个参加活动的人员可以携带一部(小型)测向机,作为救生必备品随身携带,如果遇到走失或迷路,可以利用测向机测出信号方向,从而达到自救。

无线电测向运动是科技与自然的完美结合,给人以特殊的美感;在野外,到处是自然,是原始,而你却利用电子科技去征服和驾驭自然,当你真的掌握并驾驭了这一生存能力,你会感到无比的自豪。

三、无线电测向运动发展状况

无线电测向运动是在无线电爱好者广泛开展业余通信的基础上发展起来的。20世纪20年代,美国的无线电爱好者利用接收到的无线电波来寻找发信电台,拉开了业余无线电测向活动的序幕。40年代,北欧的挪威、丹麦、瑞典开展起来,以后在英国和其他欧洲国家相继开展游戏性的无线电测向活动,并且开始组建各种类型的无线电俱乐部。这项活动后流行于欧洲,并增加了一些竞赛性的内容,使用的频段也由一个增加到数个。

由于当时各国进行测向活动时使用不同频段,又各有自己的活动方式,在国际交往中深感不便。1956年,国际业余无线电联盟(IARU)第一区,批准了南斯拉夫关于制定国际比赛规则的建议,并委托瑞典负责起草工作,于1960年由国际业余无线电联盟一区执委会讨论通过。并于1961年8月在瑞典首都斯德哥尔摩举行了第一届欧洲无线电测向锦标赛。到1977年为止,欧洲锦标赛共举办了8次,成为世界锦标赛的前身。

1977年,在南斯拉夫斯科普里举行的国际业余无线电联盟第一区无线电测向工作会议上,决定将欧洲锦标赛扩大为世界锦标赛,并于1979年通过了新的竞赛规则。1980年9月第一届世界无线电测向锦标赛在波兰格但斯克举行,有联邦德国、瑞典、罗马尼亚、挪威、瑞士、南斯拉夫、苏联、保加利亚、捷克、匈牙利、波兰等11个国家参加。

第二届世界锦标赛于1984年9月在挪威奥斯陆举行。参加这届比赛的有保加利亚、中国、朝鲜、联邦德国、苏联等12个国家的84名选手。苏联队以优异成绩夺取了大部分金牌。中国队崭露头角,获三枚银牌。在此之前,1983年7月,中国队首次出征,在南斯拉夫第 27 届国际无线电测向锦标赛中,夺得 4 个第一。

之后,世界锦标赛每两年举行一次。第三届无线电测向锦标赛于 1986 年 10 月在南斯拉夫的萨拉热窝举行。苏联、挪威、匈牙利、捷克斯洛伐克、朝鲜、中国等 17 个国家的 126 名运动员参加了比赛,亚洲又增加了日本、韩国参赛。这届比赛中,苏联仍保持了极大的优势。中国队在第四届、第五届都获得了很好的成绩,第四届是 5 金、1 银、1 铜,第五届是 1 金、1 银、1 铜,吉林姑娘韩春荣两次荣获冠军称号。截至 2010 年,我国选手曾夺得过 11 金、10 银、8 铜。

图 1-1-1　国际业余无线电联盟(IARU)会徽　　图 1-1-2　中国无线电运动协会会徽

我国的无线电测向运动起步略晚于欧洲,但在亚洲是先行。我国的业余无线电活动始于 20 世纪 20 年代。到 40 年代,新中国成立前拥有业余电台 200 多部,参加活动的有 2000 多人。新中国成立后,1952 年建立了国防体育系统,开展包括无线电活动在内的射击、摩托、航空、航海、跳伞、滑翔等多种多样的体育活动。后来国防体育易名军事体育。目前无线电运动属政府体育部门领导和管理。我国无线电运动的群众团体是中国无线电运动协会。它和有关国际组织发生联系,并指导各省、市、自治区无线电运动协会的工作。新中国成立以来,我国先后开展过无线电快速收发报、无线电工程制作、短波电台通信、无线电测向等无线电运动。在有关部门的重视和关怀下,无线电测向运动得到了迅速的发展。1960 年我国派观察员去欧洲观摩了无线电测向竞赛之后,中国人民无线电俱乐部(国家体育局航空无线电模型运动管理中心的前身)开始筹建测向队。1961 年 5 月,解放军、河北、无线电俱乐部等共三十余名男、女队员,在颐和园进行了首次比赛。1962

年,在北京香山举行了首届全国无线电测向锦标赛,无线电测向运动面向全国展开,逐步普及。1964 年的全国比赛,参赛队多达 24 个。由于历史原因,无线电测向运动全面停滞了十多年。1979 年,河南省率先恢复了无线电测向活动,各省市相继展开。1980 年国家体委正式列项。1984 年在吉林省吉林市举行了首次全国青少年竞赛。1985 年,国家体委、教育部、中国科协、共青团中央联合发出通知,号召在青少年中积极开展无线电和模型活动。同年,国家体委决定在 1987 年的第六届全国运动会中设测向竞赛,使无线电测向竞赛第一次进入了全运会,给了无线电测向爱好者、工作者以极大的鼓舞。

四、国内竞赛和活动

目前我国开展的无线电测向活动主要有两类:一是适合在中小学普及的短距离测向。它可选择在树木较多、风景宜人的公园、校园、近郊进行,总距离为数百米。每年一届由国家体育总局、国家教育部、中国科协、共青团中央、全国妇联五部委联合主办的全国青少年无线电锦标赛就进行该项目,并在比赛中设置高中、初中、小学组男、女个人赛、团体赛及测向机制作评比。二是符合国际规则并适合大、中学生开展的长距离 80 米波段(3.5MHz)及 2 米波段(144MHz)测向。国际规则设定的比赛应在十几平方公里范围,地面起伏在 200 米以内,有较好覆盖的丘陵地带举行。运动员寻找隐蔽台的数目,因年龄和性别而异。成年男子(18 岁以上)寻找 5 个台,少年(17 岁以下)、老年(40 岁以上)、女子(不受年龄限制)寻找 4 个台,有些比赛中设有 12 岁以下的儿童组和 60 岁以上的老年组,他们每次比赛中只要找 3 个台。竞赛的起点和终点,在发给运动员的地图上明确标出。运动员找完所有隐蔽台后,要在地图或信标台信号的导引下奔向终点计时线,竞赛才算全部结束。隐蔽台之间的直线距离不小于 400 米,各隐蔽台与起点的直线距离不小于 750 米。每年一届由国家体育总局、国家教育部联合主办的全国无线电测向锦标赛即设置该项目。此外,每年还举办约 10 个全国青少年测向分区赛(由各地区申办,已举办过分区赛的有北京、上海、南京、武汉、长沙、广州、青岛、温州、厦门、东北、华东等赛区)和全国基层教练员指导员培训班(由各地申办)。各省市还可按自己的实际情况举办各种规模的比赛或各类培训班。

第二节　无线电测向运动分类、特点与内容

一、无线电测向运动分类

我国无线电测向运动目前分三类:一是 80 米波段和 2 米波段短距离的测向(在地形较平坦地区,各电台隐蔽距离一般总直线距离 200 米左右);二是部分城市开展的 160 米

波段测向(中短距离,在地形相对高度约 100 米的丘陵地区,各电台隐蔽距离一般总直线距离约 2 千米),以上两类一般在中、小学生中开展;三是符合国际测向竞赛规则,适合大、中学生开展的标准距离(长距离)80 米波段和 2 米波段的测向(在地形相对高度的 200 米的丘陵地区,电台隐蔽一般相隔总直线距离 4~7 千米)。

另外,参赛的运动员除场地测向竞赛外,还须参加焊接组装、调试一套散装测向机。

二、无线电测向的特点

1.无线电测向运动是一项具有极强科技内涵的体育运动项目

无线电测向除要进行身体训练外,还需要学习无线电的基础知识和理论,分析电路原理,要掌握测向机和电子制作技能,懂得无线电接收和发射的基本原理、无线电波传播的基本知识等。学生不仅能够掌握电波的特性,而且还要学习组装、制作测向机,改进自己的测向机性能,这无疑将丰富和延伸其课堂知识,使课堂学习更轻松。在地形复杂的地区进行无线电测向练习和竞赛时,为使参加者不迷失方向,还应掌握地形常识、识图、用图及指北针应用的基本技能。

2.无线电测向运动是一项智力与体力融为一体的体育运动项目

无线电测向既不是纯科技性的室内制作,也不是简单在固定场地上或野外的单一奔跑,而是充分体现了理论与实践、动手与动脑、室内与室外、体能与智力的结合。有机地将科技、健身、休闲、娱乐融为一体,对于开阔视野、增长知识、增强体魄,磨炼意志,进行国防教育,培养独立思考和分析判断能力,促进青少年在德、智、体、美、劳全面发展,丰富学校第二课堂内容及从应试教育向素质教育转化为是十分有益的。

无线电测向过程中,参加者不仅与狡猾的"狐狸"(电台)斗智斗勇,还要同参与者斗智,通过制造一些假象以迷惑对方,使对方多走弯路,而自己却捷足先登,这种过程给参加者带来无穷的乐趣。这种寓教于乐的寻找电台活动,无形中培养了参加者坚忍不拔的拼搏精神,勇往直前的意志和毅力,独立思考、快速反应、果断处事的能力,是全面素质的磨炼。

3.无线电测向是一项具有浓厚趣味性的体育运动项目

无线电测向作为一项科技体育竞技运动,它把现代的无线电技术与传统的"捉迷藏"游戏结合在一起。无线电测向运动的电台隐藏地点、形式十分巧妙,可将电台放在野外的丛林中、挂在树枝间的鸟巢里,甚者将电台背在身上,穿上防雨衣,利用手持树枝将天线挂起,在密林中穿梭,成为一只流动的"狐狸",让寻找者跟踪追击,其乐趣不言而喻,同时开阔了视野、增长了知识、增强了体魄、磨炼了意志,又进行了国防教育。

由于丰富了学校第二课堂内容并对从应试教育向素质教育转化均十分有益,同时也符合中央关于"在青少年中普及科技"和实施《全民健身计划纲要》的精神,无线电测向运动备受学校和有关主管部门的重视,同时也深得家长支持和青少年的喜爱。目前南京等地已将此项活动推向社会,引进家庭,他们利用双休日,回归大自然,开展社会和家庭"无线电猎狐游戏",丰富了度假内容,增添了家庭情趣。

三、标准距离和短距离无线电测向的区别

短距离无线电测向的最大特点就是"短"。国家体育总局 1998 年颁布的《短距离无线电测向竞赛规则》中规定:起点与各隐蔽电台及各隐蔽电台间距为 30～200 米。竞赛场地选在公园、近郊、校园;使用器材简单;组织竞赛的工作量和经费开支较少;一场竞赛容纳的运动员却很多,并且测向竞赛的可观性也提高了,有利于吸引广大青少年参加,激发了测向运动新的活力。另外,一是各波段隐蔽电台的发信方式为在不同频率上连续发信。二是竞赛时,隐蔽电台的设置数视竞赛规模,可设 3～10 部,通常运动员在找台顺序上为指定台序。使竞赛的组织工作简便,竞赛的参加者平等竞争,减少误会。

标准距离无线电测向的最大特点首先就是"长",从起点出发线开始经全部隐蔽电台直到终点线的最佳直线距离为 5～10 千米,规则规定隐蔽电台之间包括与终点信标台之间的距离不得小于 400 米;距起点最近的隐蔽电台与起点之间的距离不小于 750 米。第二,各波段隐蔽电台的发信方式为在同一频率上,拍发一分钟后停 4 分钟(5 分钟为一循环),1 号台、2 号台、3 号台、4 号台、5 号台依此循环;而信标台与隐蔽电台不同频率,为连续发信。第三,竞赛中,各波段通常设置 5 个隐蔽电台,寻找隐蔽电台的顺序,是由运动员自行选定。

第三节　无线电测向运动健身价值

一、无线电测向运动对右脑的开发起到积极的促进作用

人体的大脑分为左右两半球——俗称左右脑,右脑不仅记忆量大,而且在认知方面也有左脑不可比拟的优越之处。如具体的思维能力,对空间的认知能力,对复杂关系的理解与处理能力,情绪表达和识别能力等方面,右脑都优于左脑。因而右脑功能的开发对人的发展是至关重要的。然而传统的教育方法,偏重于阅读、书写、数字运算和理性思维等,多集中于左脑的活动,因而形成左脑超负荷运载,右脑被闲置的现象,造成了智力发展的残缺。无线电测向活动是,学生利用手中的测向机,测出五至十个隐蔽电台想象中的方向线,这就需要有对空间足够的认识能力,加上分析判断、逻辑思维,根据掌握的知识,对复杂地形环境进行综合分析,判断出各个电台的位置和首找台,确定最佳的找台顺序,选择最佳的行进路线,快速准确找出隐蔽的电台。通过无线电测向练习,就可以锻

炼学生的思维能力、对空间的定位能力和对复杂关系的处理能力,因而对右脑的开发起到积极的促进作用。

二、无线电测向运动对身体素质的增强具有促进作用

无线电测向运动是一项有氧、无氧代谢相互交替,以有氧代谢为主的运动,参与者在测向过程中,需要在不同地形中奔跑 4000~10000 米。对电台的信号要有很强的灵敏性,在接收到所寻找的电台信号时,须立即做出一系列快速反应,如电台方向和位置,选择跟踪电台的最佳路线等判断。因此,无线电测向运动要求参与者必须具备快速的反应能力、灵敏性和良好的耐力素质才能完成比赛。所以无线电测向运动对促进人体心肺系统功能,提高机体的速度、耐力、柔韧性、灵敏性和反应能力等身体素质,提高人体的运动能力具有重要的作用。

1. 在同等距离上无线电测向的奔跑消耗体力更多

首先,无线电测向时,在奔跑的过程中,运动员由于手持测向机,上肢摆动不对称,动作不协调导致体力消耗更大;其次,无线电测向通常在野外、山丘、丛林中进行,道路崎岖起伏,有些地方通行条件很差也会增加能量消耗;再有,无线电测向常常是变速跑,全过程中"冲刺"较多。实验已经表明,变速跑比匀速跑消耗体力多。

2. 技术动作的结构变化大

无线电测向运动在奔跑时要根据野外路面情况采用不同的方式,技术动作的结构变化大。在场地中跑可以选择一定的合理动作,特别是长距离跑动作可以形成"机械化"动作,而无线电测向要根据野外的实际情况采用不同的技术。以坡地跑为例,在上坡时,人体重心前倾,前腿要比平常抬的高些,上体同大腿夹角明显减小,在场地中较少参加运动的一些肌肉这时必须工作。下坡跑时,人体重心后移,步幅大而频率快,对于下肢各关节的灵活性、协调性要求较高。

3. 具有较好的耐力储备

无线电测向每场要跑 4000~10000 米,运动员必须具备良好的耐力。长时间剧烈运动中,大量血液流向四肢,脑供血、供氧量相对减少,运动员思维能力下降,为了保持竞赛中思维清楚、注意力集中、分析判断正确,必须具备更好的自控能力和技术状态,必须具备更好的体力和耐力储备。

三、对学生心理品质和个性发展具有积极促进作用

心理素质教育就是培养健康的心理、健全的人格。其主要内容是开发潜在的智能,使人获得正常的智力;培养愉快的情绪,使人乐观向上、积极进取,对生活充满自信心,具备一定的自我控制能力;形成健全的意志品质,使人主动自觉地迎接困难,战胜困难,具有独立、果断、坚韧、勇敢的品质。

无线电测向与其他体育项目相比,在心理素质教育方面有其独特的作用,他对心理素质的培养较为全面,学生通过准确测定电台方向,合理确定找台顺序,正确选择行进路线,开发了学生潜在的智能,增强了智力,同时在大自然中陶冶了情操,锻炼了意志,培养了快乐向上,勇于竞争的意识。每找到一部隐蔽的电台,都获得一次成功的喜悦也是自信心的体验;在遇到找不到电台或找错顺序,体力消耗过大等各种各样困难下,培养了学生的情绪控制能力,同时培养了他们自觉挑战困难和战胜困难的意志品质。

在寻找隐蔽电台的过程中,学生不得接受任何帮助,只能依靠手中的测向机,根据野外的各种变化的环境做出快速反应,做出正确的判断,无形中培养了学生坚忍不拔的拼搏精神,勇往直前的意志和毅力,独立思考、快速反应和果断处事的能力。因此锻炼了学生独立自主、独立决策、自我设计、自我认定、自我控制、自我激励等方面能力,同时又磨炼了学生的意志品质。

四、有利于普及无线电、电子技术知识

无线电测向是跨科技、体育领域的竞技项目,以它特有的魅力吸引着众多的青少年。通过大量的实践活动,帮助学生理解文化知识。同时通过无线电测向机的制作和实地去寻找无线电台的过程,学生既学习了无线电、电子技术基础知识,学会了无线电接收设备的安装和制作,又能体验到无线电测向运动的无穷乐趣。学生在大自然的环境中,探索电波传播的奥秘,学习自然地理知识。因此,无线电测向是一项极为生动的科普示范教育,它有利于对大、中、小学生的科技教育,有助于学生的科技意识和科技素质的提高,对于科教兴国战略具有深远的现实意义。

第二章　无线电测向运动基础知识

第一节　基本概念

【无线电测向】依据无线电波的性质及传播特性，使用专用仪器设备，测定无线电传播方向的过程。

【无线电测向机】测定无线电波传播方向的专用仪器设备。由测向天线、收信机和指示器三部分组成。

【电场】自然界中的基本场之一，是电磁场的一个组成部分，是电荷及变化磁场周围空间里存在的一种特殊物质。

【磁场】磁场是一种看不见而又摸不着的特殊物质，它具有波粒的辐射特性。磁体周围存在磁场，磁体间的相互作用就是以磁场作为媒介的。电流、运动电荷、磁体或变化电场周围空间存在的一种特殊形态的物质。由于磁体的磁性来源于电流，电流是电荷的运动，因而概括地说，磁场是由运动电荷或电场的变化而产生的。

【电磁波】电磁波（又称电磁辐射）是由同相振荡且互相垂直的电场与磁场在空间中以波的形式移动，其传播方向垂直于电场与磁场构成的平面，有效地传递能量和动量。电磁辐射可以按照频率分类，从低频率到高频率，包括有无线电波、微波、红外线等。

【无线电波】无线电波是指在自由空间（包括空气和真空）传播的射频频段的电磁波。无线电技术是通过无线电波传播声音或其他信号的技术。无线电技术的原理在于，导体中电流强弱的改变会产生无线电波。利用这一现象，通过调制可将信息加载于无线电波之上。当电波通过空间传播到达收信端，电波引起的电磁场变化又会在导体中产生电流。通过解调将信息从电流变化中提取出来，就达到了信息传递的目的。

【极化波】电磁波在空间传播时，其电场矢量的瞬时取向称为极化。通常用电场强度矢量端点随着时间在空间描绘出的轨迹来表示电磁波的极化。波的极化也叫波的偏振。极化方式有两类：一种是线极化，一种是圆极化。线极化波又有水平极化波和垂直极化波之分，当电场强度方向垂直于地面时，此电波就称为垂直极化波；当电场强度方向平行于地面时，此电波就称为水平极化波。圆极化波又分左旋圆极化波和右旋圆极化波。

【天线】天线作为无线通信不可缺少的一部分,其基本功能是辐射和接收无线电波。发射时,把高频电流转换为电磁波;接收时,把电磁波转换为高频电流。

【天线的方向性】是指天线向一定方向辐射电磁波的能力。它的这种能力可采用方向图、方向图主瓣的宽度、方向性系数等参数进行描述。所以方向性是衡量天线优劣的重要因素之一。天线有了方向性,就能在某种程度上相当于提高发射机或接收机的效率,并使之具有一定的保密性和抗干扰性。

第二节　无线电基本原理

一、无线电波的发射

随着科学技术的不断发展,人们与"无线电"的关系越来越密切了。播送广播节目和电视节目的广播电台和电视台,是通过发射到空间的无线电波把声音和图像神奇地传送到千家万户的,其发射和接收过程:广播电台(电视台)首先把需要向外发射声音和图像变为随声音和图像变化的电信号,然后用一种频率很高、功率很强的交流电作为"运载工具",将这种电信号带到发射天线上去。再通过天线的辐射作用,把载有电信号的高频交流电转变为同频率的无线电波(或称电磁波)推向空间,并像水波一样,不断向四周扩散传播,其传播的速度在大气中为每秒 30 万千米。在电波所能到达的范围内,只要我们将收音机、电视机打开,通过接收天线将这种无线电波接收下来,再经过接收机信号放大、解调等各种处理,把原来的电信号从"运载工具"中分离出来,逼真地还原成发射时的声音和图像,我们就能在远隔千里的地方收听(收看)到广播电台(电视台)播出的节目。

无线电波是通过天线发射到空间的。当电流在天线中流动时,天线周围的空间不但产生电力线(即电场),同时还产生磁力线,其相互间的关系,如图 2-2-1 所示。如果天线中电流改变方向,空间的电力线和磁力线方向随之改变。如果加在天线上的是高频交流电,由于电流的方向变化极快,根据电磁感应的原理,在这些交替变化的电场和磁场的外层空间,又激起新的电磁场,不断地向外扩散,天线中的高频电能以变化的电磁场的形式,传向四面八方,这就是无线电波。从图 2-2-1 可知,电力线(即电场)方向与天线基本平行,磁力线(磁场)的形状则是以天线为圆心、与天线相垂直的方向随之变化的无数同心圆。

天线辐射的无线电波,电场方向与天线平行,磁场方向与天线垂直,电场与磁场相互垂直,又都垂直于电波传播的方向,并且电场和磁场同时出现最大值和最小值(即相位)相同。无线电测向也是利用类似的途径和方式实现的,只是它所发射的仅仅是一组固定重复的摩尔斯电报信号。电台的发射功率小,信号能到达的距离也极为有限,一般在 10千米以内。

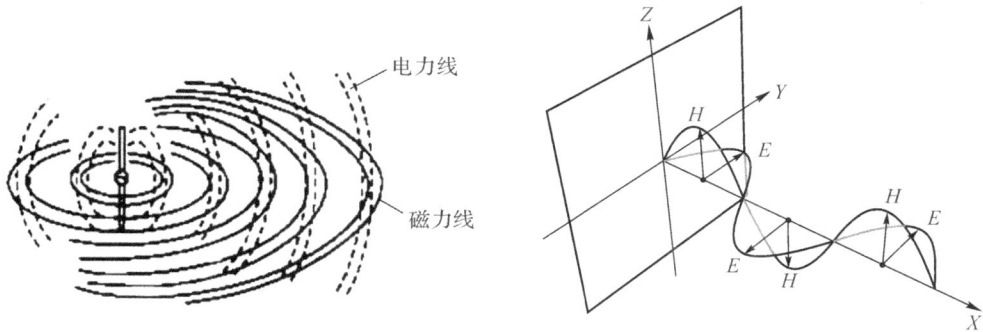

图 2-2-1　无线电波的发射

二、无线电波的传播途径

无线电波按传播途径可分为以下四种(见图 2-2-2)

1. 天波——由空间电离层反射而传播

经过空中电离层的反射或折射后返回地面的无线电波叫天波。早在 1901 年,英、美两国的业余无线电爱好者对短波波段突然沟通了联络感到十分惊奇,因为在这之前已经证明了,采用地波传播的无线电波是无法跨越大西洋的。这一重大发现得到当时整个无线电界的重视,后来终于发现,在离地面的高空存在着电离层。所谓电离层,是地面上空 40~800 千米高度电离了的气体层,包含有大量的自由电子和离子。这主要是由于大气中的中性气体分子和原子,受到太阳辐射出的紫外线和带电微粒的作用所形成的。电离层能反射电波,也能吸收电波,但对频率很高的电波却吸收得很少。由于电离层不够稳定,致使天波通信的质量较差,但它具有用不大的功率和较简单的设备来完成远距离通信的突出优点。

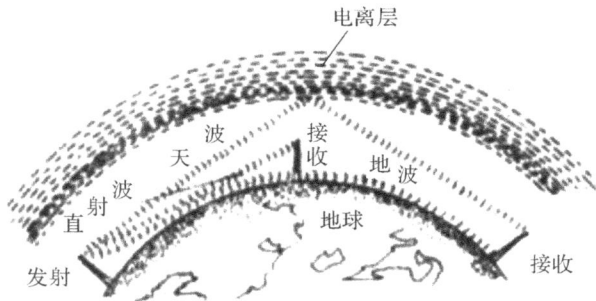

图 2-2-2　无线电波按传播途径方式分类

2.地波——沿地球表面传播

沿地面传播的无线电波叫地波,又叫表面波。无线电波沿地球表面传播有绕过突起障碍物的能力,这种现象称绕射。绕射能力的强弱取决于无线电波频率的高低或波长的长短及障碍物的大小。频率越低绕射能力越强;障碍物越大绕射越困难。因此,160米波段绕射能力最强,80米波段绕射能力较强,除陡峭山峰对电波的传播影响较大外,一般的丘陵均可逾越,2米波段电波的绕射能力很弱。地波不受气候影响,传播比较稳定可靠。但在传播过程中,能量被大地不断吸收,因而传播距离不远。160米波段测向和80米波段测向,均采用地波。

3.直射波——由发射台到接收台直线传播

从发射点经空间直线传播到接收点的无线电波叫直射波,又叫空间波。空间波传播距离一般限于视距范围,因此又叫视距传播。由于它主要是在空间直接传播,受大气的干扰小、能量损耗少,所以信号较强而且稳定,但易受高山和高大建筑物阻挡,为了加大传输距离,必须架高天线,尽管这样,一般的传输距离也不过50千米左右。为了加大传输距离,在传送途中,每隔一定距离都要建一个接力站,像接力赛跑一样,把信息传到远处。

4.地面反射波——经过地面、地物等反射后传播到接收点的无线电波

无线电测向竞赛的距离通常都在10千米以内,所以除用于远距离通信的天波外,其他传播方式都与测向有关,160米和80米波段测向,主要使用地波;2米波段测向,主要使用直射波和地面发射波。

三、无线电波在传播中的主要特性

无线电波离开天线后,既在媒介质中传播,也沿各种媒介质的交界面(如地面)传播,其传播的情况是非常复杂的。它虽具有一定的规律性,但对它产生影响的因素却很多。无线电波在传播中的主要特性如下。

1.直线传播

均匀媒介质(如空气)中,电波沿直线传播。无线电测向就是利用这一特性来确定电台方位的。

2.反射与折射

电波由一种媒介质传导另一种媒介质时,在两种介质的分界面上,传播方向要发生变化。图2-2-3所示的射线由第一种介质射向第二种介质,在分界面上出现两种现象。一种是射线返回第一种介质,叫作反射;另一种现象是射线进入第二种介质,但方向发生了偏折,叫作折射。一般情况下反射和折射是同时发生的。入射角等于反射角,但不一定等于折射角。反射和折射给测向准确性带来很大的不良影响;反射严重时,测向机误指反射体,给接近电台造成极大困难。

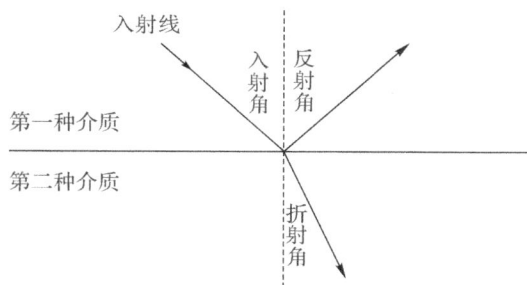

图 2-2-3　电波的反射与折射

3.绕射

电波在传播途中,有绕过难以穿透的障碍物的能力。绕射能力的强弱与电波的频率有关,又和障碍物大小有关。频率越低的电波,绕射能力越弱;障碍物越大,绕射越困难。80 米波段的电波绕射能力是较强的,除陡峭高山(相对高度在 200 米以上)外,一般丘陵均可逾越。2 米波段的电波绕射能力就很差了,一座楼房或一个小山丘,都可能使信号难以绕过去。

4.干涉

直射波与地面反射波或其他物体的反射波在某处相遇时,测向机收到的信号为两个电波合成后的信号,其信号强度有可能增强(两个信号叠加),也有可能减弱(两个信号相互抵消)。这种现象称为波的干涉。产生干涉的结果,使得测向机在某些接收点收到的信号强,而某些接收点收到的信号弱,甚至收不到信号,给判断电台距离造成错觉。2 米波段测向中,这种现象比较常见。另外,如图 2-2-4 所示,天线发射到空间的电波的能量是一定的,随着传播距离的增大,不仅在传播途中能量要损耗,而且能量的分布也越来越广,单位面积上获得的能量越来越小。反之,距电台愈近,单位面积上获得的能量愈大。在距电台数十米以内,电场强度的变化十分剧烈,反映在测向机耳机中的音量变化格外明显。这一特点有助于测向运动员在接近电台后判断电台的距离及其位置。

四、天线的架设与电波传播形式的关系

交变电磁场在其附近空间又激起新的电磁场的现象称无线电波的极化。空间传播的无线电波都是极化波。当天线垂直于地平面时,天线辐射的无线电波的电场垂直于地平面称垂直极化波。天线平行于地平面时,天线辐射的无线电波的电场平行于地面称水平极化波。理论上,水平极化波是不能在垂直极化的接收天线上产生感应电压的,而垂直极化波也不能在水平极化的接收天线上产生感应电压。实际上,由于结构、制造和安装诸多原因,垂直极化天线和水平极化天线都并非理想的,极化方向与之正交的电波或

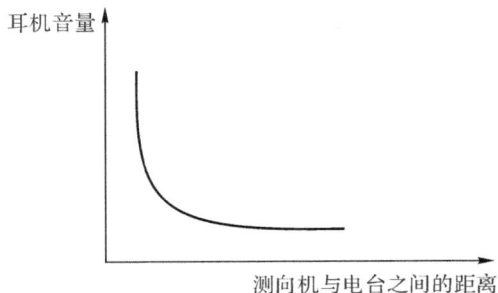

图 2-2-4　音量与电台距离的关系

多或少会在其上产生感应电压。此外,电波在传播路径上产生的极化偏移,也会使垂直极化的接收天线上有来自水平极化的发射天线的信号或水平极化的接收天线上有来自垂直极化的发射天线的信号,由此引起的极化误差存在。无线电测向机通常只利用天线对电场的两个分量之一(垂直极化分量或水平极化分量)的响应来测向。无线电测向竞赛规则规定,80 米波段(短距离和标准距离)测向和 2 米波段短距离测向使用垂直极化波,2 米波段标准距离测向使用水平极化波(见图 2-2-5、图 2-2-6)。

图 2-2-5　80 米波段天线架设　　　图 2-2-6　2 米波段天线架设(左为短距离、右为标准距离)

五、无线电波的发送与接收

利用无线电波传送信息,需要将欲传送的信息附加到无线电波上去,然后将带有信息的无线电波放大后经过天线发射出去,如图 2-2-7 所示。这个"附加"的过程称为"调制",调制之前的无线电波称为"载波",调制之后的无线电波称为"已调波"。

接收时,天线接收无线电波并经调谐电路选择出所欲接收的频率,然后将附加在无线电波上的信息卸载下来,经放大后即可得到对方传送过来的信息,如图 2-2-8 所示。这个"卸载"的过程称为"解调",解调是调制的逆过程。

例如,无线电广播所传送的信息是语言、音乐等声音信号。首先由话筒将声音信号

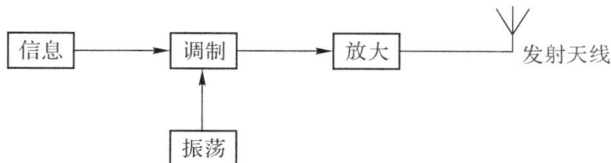

图 2-2-7　调制过程

图 2-2-8　解调过程

转换为相应的音频电信号,由于音频电信号频率很低,难以有效地直接向空间发射,因此必须将音频电信号调制到高频载波上发射。收音机接收到空中的无线电波,由调谐电路选出所需电台的频率,再通过解调节器得到音频电信号,经过放大后推动扬声器发声,这样我们就能听到无线电广播的内容。

六、调制与解调方式

将信息调制到载波上的方式有多种。我们可以通过载波的有无或改变载波的幅度、频率、相位等参数,达到调制的目的。这些调制方式分别称为键控、调幅、调频和调相。

1.键控

键控是通过电键控制高频载波的有无传送信息的。例如,摩尔斯电码中的"A"为"·—",通过键控使发射机发出一短一长的两段载波,即可传送"A"信息,如图 2-2-9 所示。这种通信方式称为等幅电报,100 多年前人类首先实现无线电通信就是等幅电报,至今包括业余无线电领域仍在使用。随着技术的进步,特别是传送数字信号的需要,键控

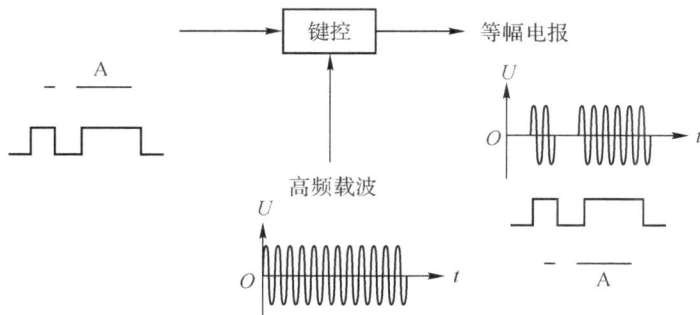

图 2-2-9　键控方式

17

也从简单的高频载波的有无发展到频移键控、幅移键控、相移键控等。

2. 调幅

使高频载波的振幅随调制信号而变化的调制方式称为幅度调制,简称调幅,经过调幅的无线电波称为调幅波。调幅波的频率保持不变,但其振幅大小由调制信号的大小决定。例如,当用一音频信号去对高频载波进行调幅时,得到的调幅如图 2-2-10 所示,调幅波的包络线代表了音频信号的信息。调幅波的解调叫作检波,即从调幅的高频载波中检出调制信号。中波和短波无线电广播,以及电视信号中的图像信号,都采用调幅制。

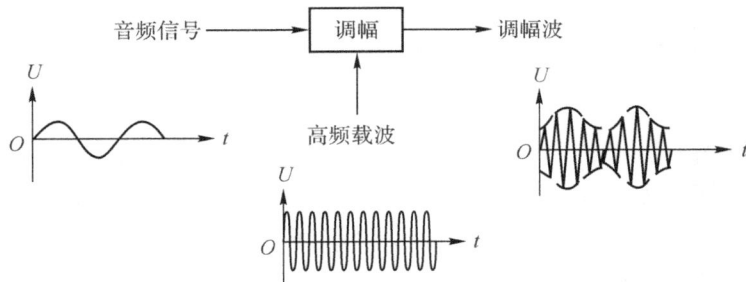

图 2-2-10 调幅方式

3. 调频

使高频载波的频率随调制信号而变化的调制方式称为频率调制,简称调频,经过调频的无线电波称为调频波。调频波的振幅保持不变,但其频率在原频率的基础上高低变化,频率变化的大小由调制信号的大小决定。例如,当用一音频信号去对高频载波进行调频时,得到的调频如图 2-2-11 所示,调频波的频率变化代表了音频信号的信息。调频波的解调叫作鉴频,即从调频的高频载波中鉴别出调制信号。相对调幅而言,调频制具有频带宽、抗干扰能力强、功率利用率高的特点。超短波特别是立体声无线电广播,以及电视信号中声音信号,都采用调频制。

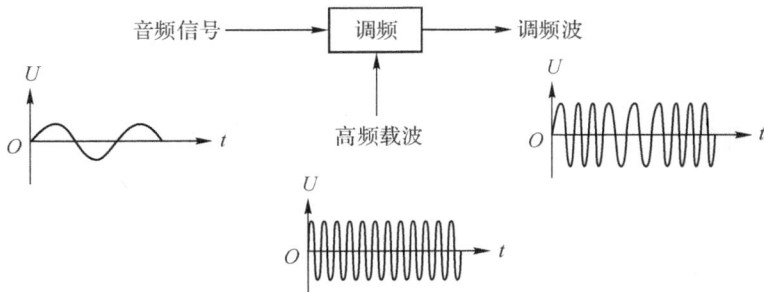

图 2-2-11 调频方式

4.调相

使高频载波的初始相位随调制信号而变化的调制方式称为相位调制,简称调相。如图 2-2-12所示为采用调相方式传送数字示意图,高频载波的初始相位为 0°时表示"1",初始相位为 180°时表示"0",高频载波的初始相位变化代表了数字信号的信息。

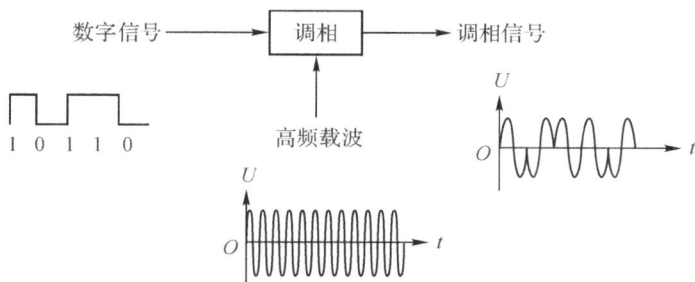

图 2-2-12 调相方式

第三节 无线电测向机

一、无线电测向机的组成与特点

无线电测向机是测向运动员在训练与比赛中赖以测向隐蔽电台方位的工具,根据工作波段的不同,测向机的电路和外形结构也不尽相同。但一部测向机,无论是简是繁,是大是小,都是由测向天线、收信机和指示器三部分组成的(见图 2-3-1)。其方框图如图 2-3-2 所示。

1.测向天线

测向天线接收被测电台发出的无线电信号,并对来自不同方向的电波产生不同的感应电势。目前测向运动中,160 米波段、

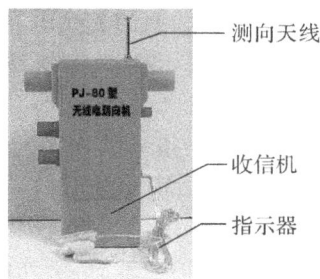

图 2-3-1 80 米波段短距离无线电测向机

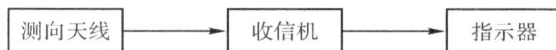

图 2-3-2 测向机方框图

80 米波段测向机使用磁性天线和与它相配合的直立天线;2 米波段测向机使用八木

天线。

2.收信机

收信机对测向天线送来的感应电势进行放大解调等一系列处理,最后把所需信号送入指示器。一般测向机的收信部分与普通收音机基本相似,但根据测向的特殊需要,它还应具备以下特点:

(1)为保证远距离能收到隐蔽状态下的小功率电台信号,应有较高的灵敏度。为使近距离测向时信号不致阻塞,(信号过强时出现的现象)保持良好的方向性,以及能准确判断电台距离,收信机必须有整机放大量调整和衰减信号装置。

(2)测向机的音量应随天线感应电势的大小发生明显的变化。收音机中为提高音量稳定而设置的自动音量控制电路,不能用于测向机。

(3)测向机要适应测向剧烈运动的需要,即坚固、防雨、防震、便于携带和操作。

(4)除天线外,其余部件不得接收电波,以防破坏测向机的方向性,应将整机屏蔽。

3.指示器

指示器能将天线对不同方向电波的反应显示出来。目前,测向机都采用耳机作指示器,通过它将电信号还原成声音,依靠耳机中声音大小判断电台方向。

二、测向天线

天线是一个能量转换器,可将发射机的高频电能转换为向空间辐射的电磁能,也可将空间传播的电磁能转换为高频电能输送到接收机,前者称为发射天线,后者称为接收天线。发射天线和接收天线的主要参数和特性都是相同的。例如,某根天线用作发射天线时,它向某一方向辐射的无线电波最强,而当用作接收天线时,同样也是对这个方向来的天线电波接收最强,说明发射天线和接收天线具有可逆性。

1.天线的方向性

天线的方向性是指天线向一定方向辐射或者接收来自某一方向无线电波的能力。某一天线向空间辐射无线电波时,并不是向任何一个方向辐射的强度都一样。不同的天线向各方向辐射的场强也不同,说明天线发射无线电波具有方向性。为了表达天线的方向性,在离天线等距离的地方,不同的方向上测量天线辐射电波的电场强度,并将其值按比例标在以方向为坐标(极坐标)的图上,得到了天线的方向图。在绘制方向图时,一般是以最大辐射方向的场强作为1,其他方向的数值,是该方向场强与最大场强的比值。方向图只表征天线的方向特性,并不表示某一点的具体场强数值,即与发射功率无关。一个平面只能表示出天线在一个平面的方向图。天线在空间的方向性,通常要用两个平面来表示。对架设在地面上的天线来说,采用的是水平平面方向图(与大地平行)和垂直平面方向图(与大地垂直)。与测向运动结合较紧密的是水平平面方向图。

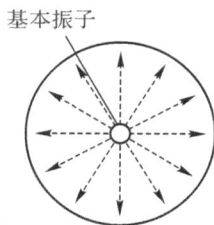

图 2-3-3　赤道面方向图

2. 常见的天线

（1）直立天线

直立天线是指与地面垂直的天线。它分对称和不对称两种,其形状如图 2-3-4 所示。

对称直立天线采用中心馈电。不对称直立天线则在天线与地之间馈电,将对称直立天线的一个臂接地,也称垂直接地天线。一般所指直立天线,通常指不对称直立天线,它是最常用的地波天线。它的最大辐射方向集中于地面,它在水平平面辐射强度相同(见图 2-3-5)。直立天线结构简单,容易架设,在长波、中波、短波和米波等很宽的频率范围内,均可使用。将导线按实际情况,基本垂直于地面架设时,称软天线。160 米和 80 米波段发信机多采用这种天线。它的优点是天线长,发射效率高,可按实际环境灵活架设,便于隐蔽。

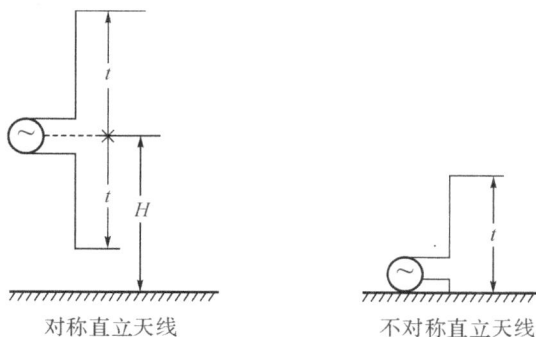

图 2-3-4　直立天线

（2）环形天线

将导线绕成环形、框形、菱形等形状,并在两端馈电的天线称环形天线(见图 2-3-6)。该天线尺寸很小,辐射效率低,通常只作接收用,并用于长波、中波和短波波段的测向,在测向运动发展的初期,被广泛应用在 80 米波段测向机上。

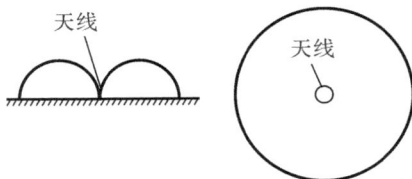

图 2-3-5　直立天线方向图

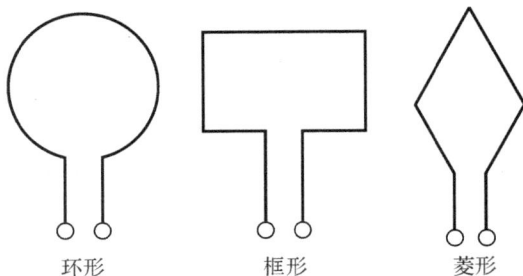

环形　　　　　框形　　　　　菱形

图 2-3-6　环形天线

（3）磁性天线

将线圈绕在由铁氧体制成的磁棒上称磁性天线（见图 2-3-7）。磁棒具有非常优良的导磁作用，可使很小体积的天线获得较高的效率。在半导体收音机问世之后，磁性天线广泛用于便携式收音机中，160 米和 80 米波段测向机也多采用这种天线。

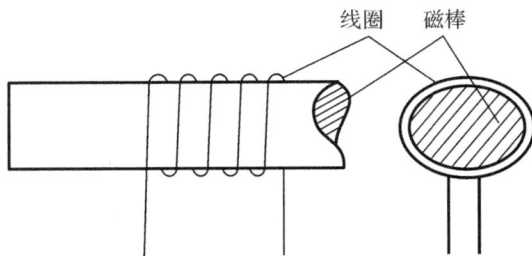

图 2-3-7　磁性天线

（4）八木天线

随着电视广播的日益普及，室外架设的电视接收天线——八木天线（或称波渠天线）已逐渐被人们所熟悉（见图 2-3-8）。它制作简单，架设容易，也是目前 2 米波段测向较为理想的测向机天线。八木天线是由一个有源半波振子（直线振子或折合振子）和一个或若干个无源振子（反射器和引向器）组成。有源半波振子是指经馈线与发射机或接收机连接的振子。无源振子有一个是反射器(其臂长稍长于半波振子),其余都是引向器(其臂长稍短于半波振子)。天线的最大接收方向是引向器所指方向,引向器数目越多,方向越尖锐。

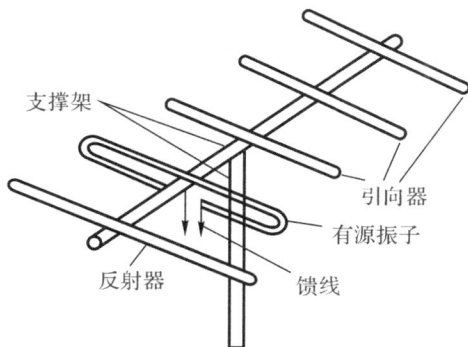

图 2-3-8　八木天线

三、无线电测向机基本元件

1.电阻器

用电阻材料制成的、有一定结构形式、能在电路中起限制电流通过作用的二端电子元件。阻值不能改变的电阻器称为固定电阻器,阻值可变的电阻器称为电位器或可变电阻器。电阻的基本单位是欧姆,表示电阻阻值的常用单位还有千欧($k\Omega$)、兆欧($M\Omega$)。

电阻器的型号命名很有规律,R 代表电阻,T——碳膜,J——金属,X——线绕,是拼音的第一个字母,如 RT 型碳膜电阻、RJ 型金属膜电阻、RX 型线绕电阻。

电阻器元件越做越小,直接标注的标记难以看清。因此,国际上惯用"色环标注法"。"色环电阻"顾名思义,就是在电阻器上用不同颜色的环来表示电阻的规格。有的是用 4 个色环表示,有的用 5 个。4 环电阻,一般是碳膜电阻,用 3 个色环来表示阻值,前二环代表有效值,第三环代表乘上的次方数,第四个色环表示误差。5 环电阻一般是金属膜电阻,为更好地表示精度,用 4 个色环表示阻值,最后一个色环也是表示误差。例如,某一色环电阻的颜色为棕、红、橙、银,第一环棕色代表 1,第二环红色代表 2,第三环橙色表示后面有 3 个 0,即阻值为 12000Ω,第四环金色表示误差等级为Ⅰ级,误差为±5%(见表 2-3-1)。

表 2-3-1　色环法标注电阻器阻值及误差

色　别	第二环（代表数字）	第三环（倍率）	第四环（误差）
棕	1	0	—
红	2	00	—
橙	3	000	—
黄	4	0000	—
绿	5	00000	—
蓝	6	000000	—
紫	7	0000000	—
灰	8	00000000	—
白	9	000000000	—
黑	0	—	—
金	—	—	Ⅰ级±5％
银	—	—	Ⅱ级±10％
无色	—	—	Ⅲ级±20％

可变电阻又称为电位器，电子设备上的音量电位器就是个可变电阻。可变电阻有三个引脚，其中两个引脚之间的电阻值固定，并将该电阻值称为这个可变电阻的阻值。第三个引脚与任两个引脚间的电阻值可以随着轴臂的旋转而改变。这样，可以调节电路中的电压或电流，达到调节的效果。N 联电位器一般有 $3 \times N$ 个引脚。

2.电容器

电容器通常简称为电容，用字母 C 表示。电容器是一种容纳电荷的器件。在直流电路中，电容器是相当于断路的。电容器的基本结构是由两端的极板和中间的绝缘电介质（包括空气）构成的。通电后，极板带电，形成电压（电势差），但是由于中间的绝缘物质，所以整个电容器是不导电的。不过，这样的情况是在没有超过电容器的临界电压（击穿电压）的前提条件下发生的。我们知道，任何物质都是相对绝缘的，当物质两端的电压加大到一定程度后，物质是都可以导电的，我们称这个电压叫击穿电压。电容也不例外，电容被击穿后，就不是绝缘体了。在交流电路中，因为电流的方向是随时间成一定的函数关系变化的。而电容器充放电的过程是有时间的，这个时候，在极板间形成变化的电场，而这个电场也是随时间变化的函数。通交流，阻直流，说的就是电容的特性。

电容的作用：

（1）旁路。旁路电容是为本地器件提供能量的储能器件，它能使稳压器的输出均匀化,降低负载需求。就像小型可充电电池一样,旁路电容能够被充电,并向器件进行放电。

（2）去耦,又称解耦。从电路来说,总是可以区分为驱动的源和被驱动的负载。如果负载电容比较大,驱动电路要把电容充电、放电,才能完成信号的跳变,在上升沿比较陡峭的时候,电流比较大,这样驱动的电流就会吸收很大的电源电流,由于电路中的电感（特别是芯片管脚上的电感）,会产生反弹,这种电流相对于正常情况来说实际上就是一种噪声,会影响前级的正常工作,这就是所谓的"耦合"。

去耦电容就是起到一个"电池"的作用,满足驱动电路电流的变化,避免相互间的耦合干扰。将旁路电容和去耦电容结合起来将更容易理解。旁路电容实际上也是去耦合的,只是旁路电容一般是指高频旁路,也就是给高频的开关噪声提高一条低阻抗泄防途径,高频旁路电容一般比较小,根据谐振频率一般取 $0.1\mu F$、$0.01\mu F$ 等;而去耦合电容的容量一般较大,可能是 $10\mu F$ 或者更大,依据电路中分布参数以及驱动电流的变化大小来确定。旁路是把输入信号中的干扰作为滤除对象,而去耦是把输出信号的干扰作为滤除对象,防止干扰信号返回电源。这应该是它们的本质区别。

（3）滤波。从理论上（即假设电容为纯电容）说,电容越大,阻抗越小,通过的频率也越高。但实际上超过 $1\mu F$ 的电容大多为电解电容,有很大的电感成分,所以频率高反而阻抗会增大。有时会看到有一个电容量较大的电解电容并联了一个小电容,这时大电容通低频,小电容通高频。电容的作用就是通高频阻低频。电容越大低频越容易通过。具体用在滤波中,大电容（$1000\mu F$）滤低频,小电容（20pF）滤高频。

（4）储能。储能型电容器通过整流器收集电荷,并将存储的能量通过变换器引线传送至电源的输出端。

3.电感器

电感器是能够把电能转化为磁能而存储起来的元件。它是利用电磁感应的原理进行工作的,其作用为阻交流通直流,阻高频通低频（滤波）,也就是说高频信号通过电感线圈时会遇到很大的阻力,很难通过,而对低频信号通过它时所呈现的阻力则比较小,即低频信号可以较容易的通过它。电感线圈对直流电的电阻几乎为零。电感器的特性恰恰与电容的特性相反,它具有阻止交流电通过而让直流电通过的特性。它经常和电容器一起工作,构成 LC 滤波器、LC 振荡器等。电感器在电子线路中应用广泛,为实现振荡、调谐、耦合、滤波、延迟、偏转的主要元件之一。

常用电感器（线圈）按绕线方法的不同可分为单层平绕线圈、间绕线圈、蜂房式线圈、叠（乱）绕线圈等多种。为了有效地提高线圈电感量,可在线圈管心内插入磁芯（或铁芯）,在线圈外部罩上磁帽,构成磁芯线圈。当改变磁芯、磁帽在线圈中的位置时,其电感量随之变化,即为微调电感或可调电感。具体如图 2-3-9 所示。

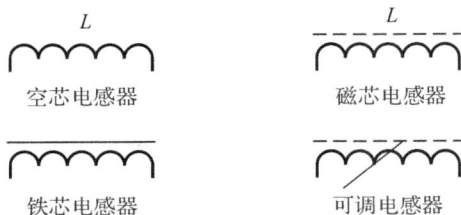

图 2-3-9　电感器的电路符号

4.二极管

二极管又称晶体二极管,它只往一个方向传送电流的电子零件。二极管最明显的性质就是它的单向导电特性,就是说电流只能从一边过去,却不能从另一边过来(从正极流向负极)。利用此特性,二极管常用作整流器,把交流电变为直流电,即只让交流电的正半周(或负半周)通过,再用电容器滤波形成平滑的直流。另外也用作检波器,把高频信号中的有用信号"检出来"。

5.三极管

半导体三极管也称为晶体三极管,可以说它是电子电路中最重要的器件。它具有三个电极,能起放大、振荡或开关等作用的半导体电子器件。三极管由两个 PN 结构成,共用的一个电极成为三极管的基极(用字母 b 表示)。其他的两个电极成为集电极(用字母 c 表示)和发射极(用字母 e 表示)。由于不同的组合方式,形成了一种是 NPN 型的三极管,另一种是 PNP 型的三极管(见图 2-3-10)。

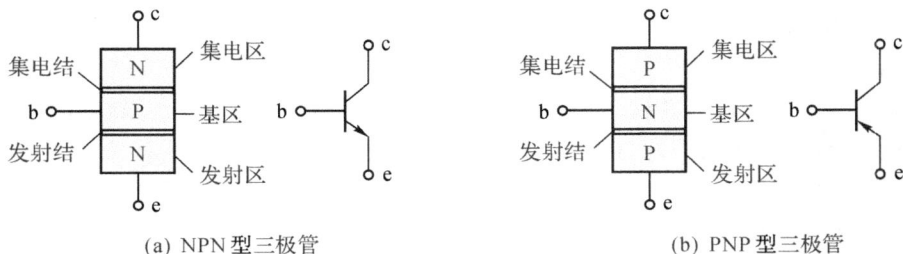

(a) NPN 型三极管　　　　　　　　　　　　　　(b) PNP 型三极管

图 2-3-10　晶体三极管的结构

三极管的种类很多,并且不同型号各有不同的用途。三极管大都是塑料封装或金属封装,三极管的电路符号有两种:有一个箭头的电极是发射极,箭头朝外的是 NPN 型三极管,而箭头朝内的是 PNP 型。实际上箭头所指的方向是电流的方向。

三极管是一种控制元件,主要用来控制电流的大小,以共发射极接法为例(信号从基极输入,从集电极输出,发射极接地),当基极电压 U_B 有一个微小的变化时,基极电流 I_B 也会随之有一小的变化,受基极电流 I_B 的控制,集电极电流 I_C 会有一个很大的变化,基

极电流 I_B 越大,集电极电流 I_C 也越大;反之,基极电流越小,集电极电流也越小,即基极电流控制集电极电流的变化。但是集电极电流的变化比基极电流的变化大得多,这就是三极管的放大作用。常用的三极管放大电路形式有:共发射极放大电路、共集电极放大电路、共基极放大电路三种,其中共集电极放大电路用于电流放大(功率放大),共基极放大电路用于高频放大,共发射极放大电路用于低频放大。

6.LM386 集成电路

LM386 是一款通用型音频功放集成电路,它具有以下特点:频响宽(可达数百千赫),功耗低(常温下为 660mW),电源电压范围宽($4\sim16V$),外接元件少,使用时不需加散热片。其电路图见图 2-3-11。

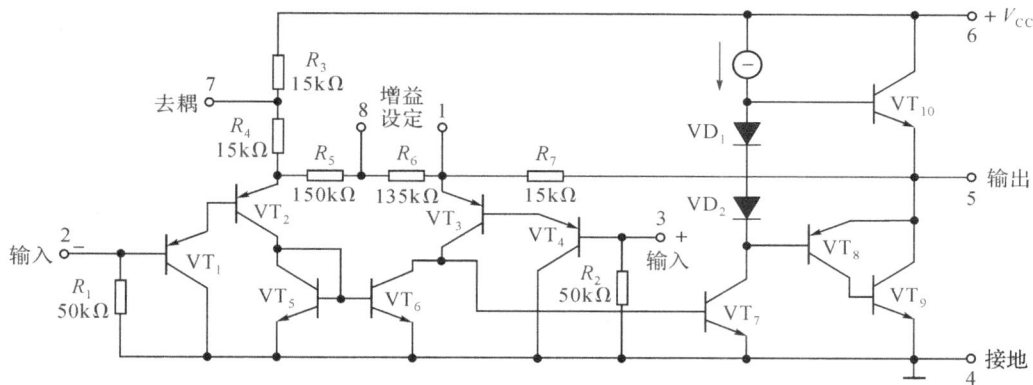

图 2-3-11　LM386 电路

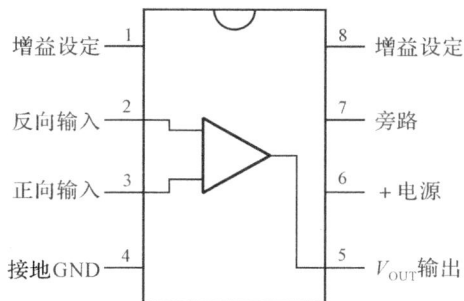

图 2-3-12　引脚功能

LM386 与通用型集成运放相类似,它是一个三级放大电路。

第一级为差分放大电路,VT_1 和 VT_3、VT_2 和 VT_4 分别构成复合管,作为差分放大电路的放大管;VT_5 和 VT_6 组成镜像电流源作为 VT_1 和 VT_2 的有源负载;VT_3 和 VT_4

信号从管的基极输入，从 VT_2 管的集电极输出，为双端输入单端输出差分电路。使用镜像电流源作为差分放大电路有源负载，可使单端输出电路的增益近似等于双端输出电容的增益。

第二级为共射放大电路，VT_7 为放大管，恒流源作有源负载，以增大放大倍数。

第三级中的 VT_8 和 VT_9 管复合成 PNP 型管，与 NPN 型管 VT_{10} 构成准互补输出级。二极管 VD_1 和 VD_2 为输出级提供合适的偏置电压，可以消除交越失真。

图 2-3-12 中引脚 2 为反相输入端，引脚 3 为同相输入端。电路由单电源供电，故为 OTL 电路。输出端（引脚 5）应外接输出电容后再接负载。

电阻 R_7 从输出端连接到 VT_2 的发射极，形成反馈通路，并与 R_5 和 R_6 构成反馈网络，从而引入了深度电压串联负反馈，使整个电路具有稳定的电压增益。

四、测向机的有关电路

1. 谐振电路

由一个电容器 C、一个线圈 L 与交流电源串联或并联，就组成了串联谐振或并联谐振电路，见图 2-3-13。

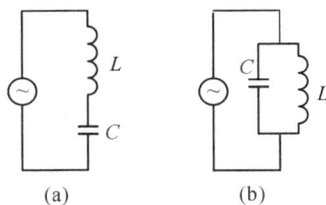

图 2-3-13　谐振电路

L、C 串联谐振电路的特点是：电源与电容、电感是彼此串联的，电路的总阻抗最小，电路的电流最大；电容器两端或线圈两端的电压比电源电压大许多倍。

L、C 并联谐振电路的特点是：电容与线圈并联后再接到电源上，电路的总阻抗最大，电路的总电流最小；电容器或线圈支路的电流比总电流大许多倍。

但是，是不论是 L、C 串联谐振还是并联谐振电路，在谐振时均具有三个共同点：感抗 $X_L =$ 容抗 X_C；谐振频率 $f_c = \frac{1}{2}\pi\sqrt{LC}$，电路的阻抗是一纯电阻，电源电压与总电流同相位。可见，当谐振电路的 L、C 确定之后，其固有的 F_c 也就确定了。当外来信号频率（即外加电源频率）与 F_c 相符时，就会发生谐振现象，使这个频率的信号输出最强，说明谐振电路本身对外来信号具有一定的选择性。

测向机中的输入电路即天线回路，实际上就是一个串联谐振电路，而高放或中放输出回路就是并联谐振电路。

2. 三极管放大器

三极管放大器的形式和种类繁多。按放大器之间的耦合方式分,有直接耦合、阻容耦合、变压器耦合放大器等;按放大器的主要参数分,有电流、电压、功率放大器等;按工作频率分,有低频、中频、高频放大器等;按选频特征分,有谐振放大器、宽频带放大器等;按晶体管的工作状态分,有甲类、乙类、甲乙类、丙类放大器等。

(1)三极管放大器的三种连接方式

任何一个放大器均有两个输入端和两个输出端,而其中有一端是共用的(或接地端)。三极管组成的放大器也不例外,如图 2-3-14 所示的发射极是输入、输出的共用端,称共发射极电路。如图 2-3-15 所示的三极管三种连接方式,由于三极管接法不同,电路的特性也不相同。选用何种方式,应按实际的需要和电路固有的特点而定。

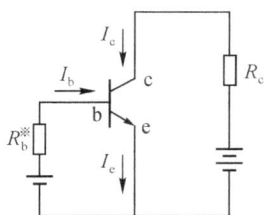

(a) 共发射极　　　　(b) 共集电极　　　　(c) 共基极

图 2-3-14　共发射极电路　　　　图 2-3-15　三极管连接方式

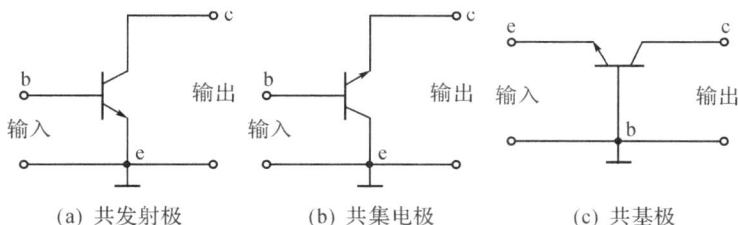

(2)三极管放大器的偏置电路

电路中 E_b 的作用是为发射结提供一个正向偏置电压,调整 R_b,可使基极产生一个适当的偏置电流 I_b,晶体管将 I_b 放大 β 倍后产生的 I_c($I_c = \beta I_b$),即为该管的静态工作点。静态工作点是保证该放大器能否正常工作的一个重要数据,它根据输入信号、晶体管特性和对放大器的要求等因素而定。

为了简化电路,可将 E_b 省掉,采用如图 2-3-16 所示的方法来提供基极偏置电流。

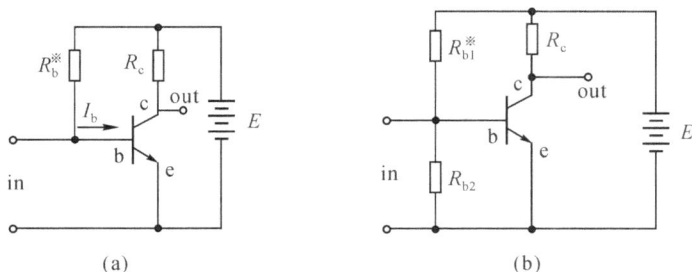

(a)　　　　　　　　　　(b)

图 2-3-16　晶体管放大器的偏置电路

图 2-3-16(a)中的 I_b 是电源通过 R_b 提供的,R_b 叫作偏流电阻。调整 R_b 即可改变 I_b

值,也就改变了 I_c 值,电路图中常用 ※ 符号表示该元件数值应调整确定。

图 2-3-16(b) 为分压式偏置电路,电源电压通过 R_{b1} 和 R_{b2} 分压后,取出 R_{b2} 两端的电压加在基极,提供偏流。R_{b1} 为上偏置电阻,R_{b2} 为下偏置电阻。由于 R_{b2} 的存在,有效地减小了晶体管随温度变化而造成的 I_b 漂移,此电路的工作状态比(a)电路稳定。

实际电路中,为进一步提高稳定性.将图 2-3-16 的电路演变成图 2-3-17 的形式:图(a)电路中的 R_b 由电源正端改接至晶体管 c 极,不但为基极提供一个偏流,而且将输出电压的一部分反方向馈送到基极,称电压负反馈偏置电路;图(b)电路中增加了一只发射极电阻 R_e,当发射极电流通过 R_e 时,在 R_e 两端产生的电压通过 R_{b2} 馈送到基极,此电路称电流负反馈偏置电路。

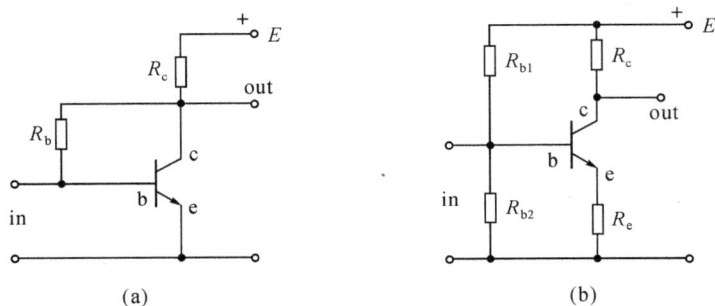

图 2-3-17　负反馈偏置电路

3.晶体管振荡器

振荡的现象在自然界中常可看到。例如时钟摆锤的摆动,荡秋千等。这种方向和大小按一定周期重复变化的现象叫振荡。除上述的机械振荡外,在电路中,电流(或电压)的大小或方向,每隔同样时间重复(即周期性)的变化过程就称电振荡。要维持电振荡必须像荡秋千那样,在适当时机给以一定的能量补充。

晶体管振荡器就是一种能产生并输出电振荡信号的装置。它由 L、C 振荡回路,放大电路,正反馈电路等三部分组成,见图 2-3-18。

图 2-3-18　晶体管振荡器方框图

L、C 振荡回路产生电振荡信号及决定振荡频率。放大电路将振荡信号放大后,再通过正反馈电路给振荡回路补充能量,以满足振荡器产生振荡的两个必要条件——相位和振幅条件。

晶体管振荡电路的种类很多,目前常采用电容三端式(三点式)振荡器,其简化原理图见图 2-3-19。所谓电容三端式,是指晶体管的集电极、基极和发射极直接与振荡回路的三个端点相连接。而且反馈电压取自于分压电容 C_2,为满足正反馈(相位)条件,集电极、发射极之间必须与基极、发射极之间同为容抗元件,而集电极、基极之间则为感抗元件。调整 C_1 与 C_2 比值,可改变反馈强度。

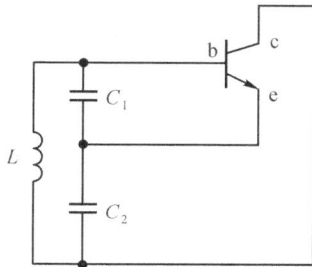

图 2-3-19　电容三端式振荡器

五、无线电测向机测向原理

1.80 米波段测向原理

80 米波段测向的测向机是采用磁性天线和直立天线。并通过磁性天线和直立天线组成的复合天线,来确定测向的单方向。磁性天线是由磁棒和绕在磁棒上的天线线圈及引线、屏蔽罩组成。基本结构如图 2-3-20所示。

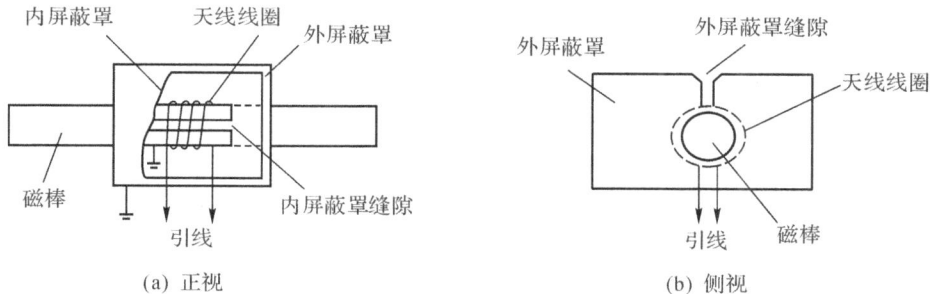

(a) 正视　　　　　　　　　　　　　　(b) 侧视

图 2-3-20　磁性天线结构

(1)磁棒

磁棒由软磁铁氧体磁性材料制成。它的特点是既易被磁化,又易退磁,有较高的磁导率。对于均匀磁场来说,磁棒内部所产生的磁阻远较空气小,所以将有大部分磁力线集中到磁棒内。图 2-3-21 所示为一均匀磁场,图 2-3-22 表示了加入磁棒后磁场的分布。由图中不难看出,磁棒的加入,聚集了大量空间磁力线,从而使磁棒上的线圈感应出很强的信号电压。

图 2-3-21 均匀磁场

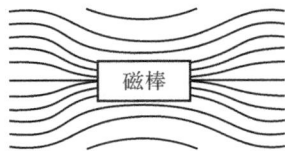

图 2-3-22 加入磁棒后磁场的分布

(2)磁性天线工作原理

我们来看图 2-3-23,这是将磁性天线平行于地面放置,并接收垂直极化波时的俯视图。电波从左向右传播,其磁场方向必定垂直于电波传播方向,并与地面平行(如图中虚线所示)。磁性天线的输出电势 $e_磁$ 会随 θ 的改变而变化。

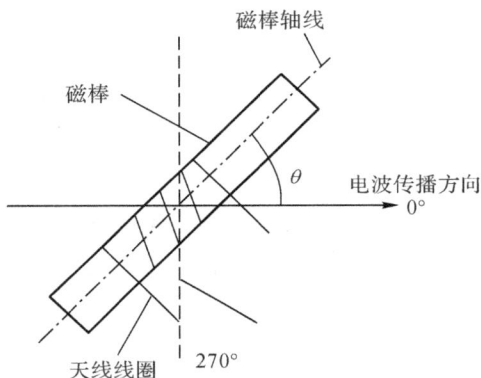

图 2-3-23 磁性天线与传播方向的关系(俯视图)

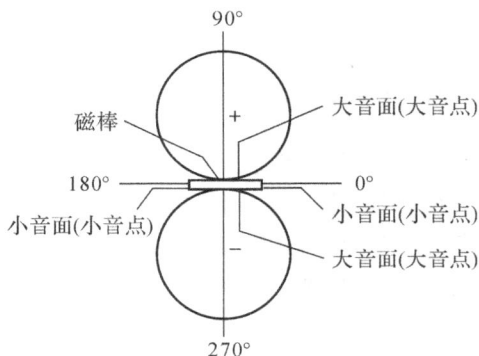

图 2-3-24 磁性天线方向图

当磁棒轴线与电波传播方向平行时(θ=0°,θ=180°),磁场方向与磁棒垂直,磁力线无法顺着磁棒穿过线圈,线圈感应电势为零,即 $e_磁$=0。当磁棒轴线与传播方向垂直时(θ=90°,θ=270°),磁场方向与磁棒平行,磁棒聚集最多的磁力线通过线圈,线圈中的感应电势最大。磁棒轴线与传播方向成其他角度时,多少会有一部分磁力线通过磁棒,天线有电势输出。θ 愈接近 0°或 180°,$e_磁$ 愈小;θ 愈接近 90°或 270°,$e_磁$ 愈大。总之,$e_磁$ 随 θ 的变化而变化,其变化情况可用图 2-3-24 表示,这就是磁性天线的"8"字形方向图。

在其他条件不变的情况下,磁性天线转动 180°,$e_磁$ 改变极性。设在 0°~180°范围内的感应电势为正值,则 180°~360°的感应电势为负值。

当用耳机作为测向机指示器时,所发声音将随 $e_磁$ 的大小而变化。若转动磁性天线一周,当磁棒轴线正指电台时(即图 2-3-24 中的 0°、180°两个方向),耳机声音最小或完全无声,此时称小音点或哑点;当磁棒轴线的垂直方向对着电台时(即图中的 90°、270°两个方向),耳机声音最大,此时磁性天线正对着电台的那个面称大音面,或大音点。在测向中,只要转动磁性天线,找出哑点,发射台必定位于磁棒轴线所指的直线上,这就是通常所说的测双向定线。

(3)无线电测向单方向的确定

由磁性天线的方向图可知,天线转动一周,测向机将出现两个声音最大处和两个声音最小处,即磁性天线的方向图具有双值性。利用这一点,可以测定电台所处的一条位置线,但判断不出它究竟处在位置线上的哪一边。因此,仅具有双值性的测向机在测向运动中是不能使用的,还必须使测向机具有单值性。磁性天线和直立天线组成的复合天线,就是具有单值性的测向天线,其电路如图 2-3-25 所示。

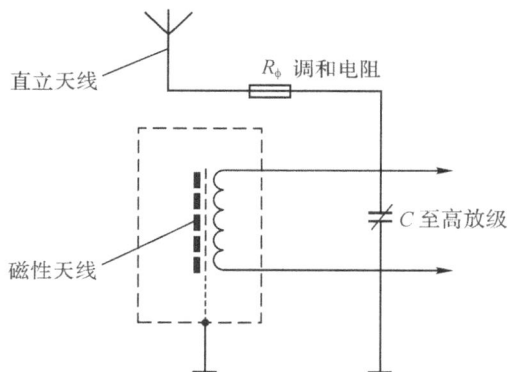

图 2-3-25 产生单方向的电路

直立天线在水平平面的方向图是一个圆(见图 2-3-26)。天线转动 360°,感应电势 $e_直$ 的大小和极性都不会变化。现设直立天线的电势等于1,并为正值;设磁性天线的电势最大值也等于1,将磁性天线旋转 360°时其电势的大小和极性也标注在图 2-3-26 中。将任一方向上两天线的电势相加,可得到复合天线方向图(见图 2-3-26)。

如在 0°或 180°方向上,直立天线电势($e_直$)=1,磁性天线电势($e_磁$)=0,合成电势($e_合$)=1;在 90°方向上,$e_直$=1,$e_磁$=1,$e_合$=2;在 270°方向上 $e_直$=1,$e_磁$=−1,$e_合$=0,等等。由图可见,上半部分各方向上的两天线电势极性相同,合成电势为两电势之和;下半部各方向上两电势的极性相反,合成电势为两电势之差。总的合成结果是一个实线所示的心脏形方向图。

从这个方向图看出,磁性天线转动一周时,只有一个方向(即 θ=270°)使信号消失;也只有一个方向(即 θ=90°)信号最强。这样就克服了磁性天线的双值性,获得了单方向性能。我们把信号强的这个面叫作单向大音面,简称大音面。利用大音面就可直接测出

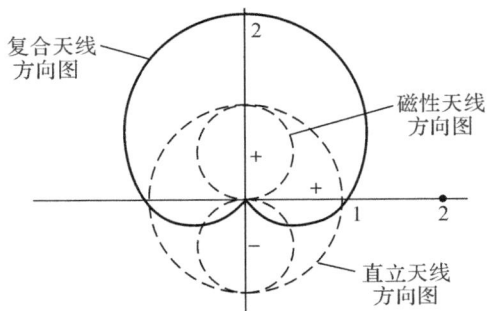

图 2-3-26　心脏形方向图的形成

电台在哪一边,即"定边"。心脏形方向图可直接用于测向;但因音量随角度变化不明显,磁性天线与直立天线两电势合成结果不理想,得不到如图 2-3-26 所示的心脏形图,通常只作单向鉴别用。

2.2 米波段测向原理

2 米波段测向的测向机采用的是八木天线。八木天线也广泛地用于电视接收、中断通信、雷达等。

八木天线在某种意义上可以说是由半波振子天线演变而来的。人们买到电视机后,如果一时买不来电视天线,常常临时找两根直径为 1 厘米左右的金属圆管,按图 2-3-27 的形状安装在室内或室外,其总长为当地电视发射频道波长的一半,从馈线处将信号引入电视机。

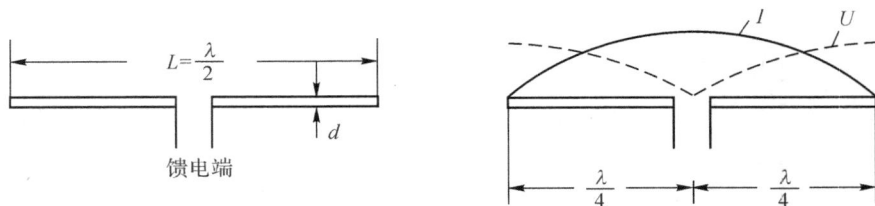

图 2-3-27　直线半波振子天线

这种天线称为半波振子天线,它的方向图如图 2-3-28 所示,与 80 米波段测向机用磁性天线的 8 字形方向图相类似,其最大接收方向为振子轴线垂直方向。用作电视接收,必须使振子轴线垂直电视台方向架设,才能获变化显著的小音点对着电台,以获得准确的方向线。这种天线的效率低,只能在距电视台较近和发射功率较强的条件下使用。由于这种天线同磁性天线一样,方向图中有两个大音面,两个"哑点",利用其轴线的"哑点"也可以精确测定电台方向线。但是,它无法确定电台在哪一边,在测向运动中不能直接应用。下面介绍几种应用于无线电测向运动,具有单向特性的八木天线。

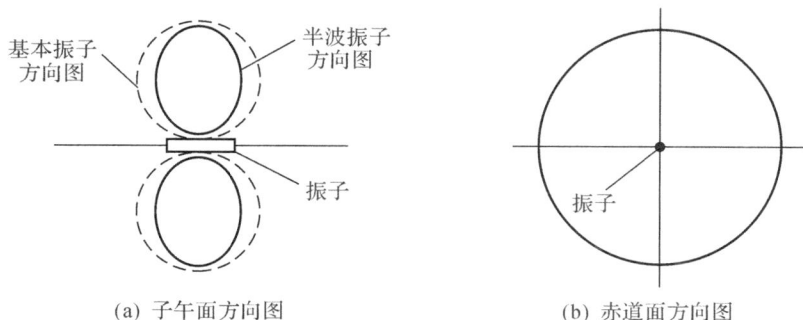

(a) 子午面方向图　　　　　　　　　(b) 赤道面方向图

图 2-3-28　半波振子方向图

(1)具有就反射器或引向器的二元八木天线

这两种天线的结构及方向图如图 2-3-29 所示。振子 1 与振子 2 平行放置,间距为λ/4(1/4 波长)。振子 1 取半波长,并与接收机连接,称为有源振子。振子 2 作为反射器时长度略大于半波长(见图 2-3-29(a)),作为引向器时长度略小于半波长(见图 2-3-29(b));振子 2 不与接收机相接,称为无源振子。

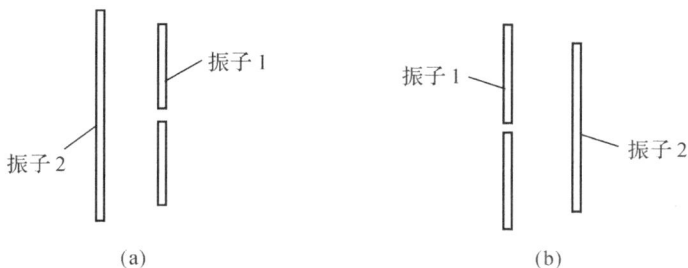

(a)　　　　　　　　　　　　　　(b)

图 2-3-29　二元天线图

具有反射器的二元八木天线的方向图如图 2-3-30 所示,最大接收方向是振子 1 所在的方向。和仅有单个半波振子的天线相比,它在这一方向上接收电波时获得的天线感应电势增长将近一倍,而在反射器所在方向接收电波后感应电势大大减弱。振子 2 像是一面镜子,把从振子 1 方向来的电波反射回振子 1 方向来的电波反射回振子 1 上叠加,使电波得到加强;从相反方向来的电波被振子 2 反射,难以到达振子 1。正是因为这个原因,振子 2 称为反射器。

具有引向器的二元八木天线的方向图如图 2-3-31 所示,其形状与具有反射器的八木天线方向图(见图 2-3-30)基本相同,只是方向相差 180°,其主瓣在振子 2 所在方向上。因为振子 2 把电波引向了振子 1,故振子 2 称为引向器。和单个半波振子天线方向图相比,这两种天线都实现了单值性。天线转动一周时,只有一个方向信号最强,而其他方向信号却很弱(反方向有小小的"副瓣")。因此,在实际测向中,天线的最大接收方向正对电台,耳机中声音将是最大的;离开这个方向,声音将逐渐变小,接近转动180°时,耳机中声音将稍稍回升;继续转动测向机的天线,耳机中声音很宽变小又渐渐变大,转至360°时又恢复到0°时的状态。这样转动天线一周,只出现一个大音点(或大音面),实现了单向测定电台方向线。

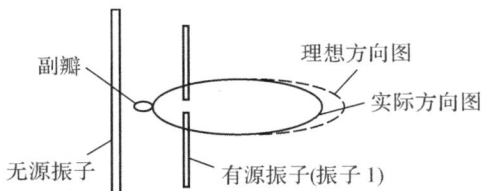

图 2-3-30　具有反射器的二元方向图

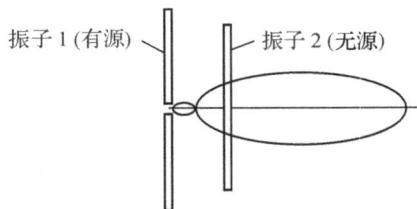

图 2-3-31　具有引向器的二元天线方向图

(2)具有反射器和引向器的三元天线

仅具有引向器或反射器的天线,体积小、便于运动,但效率和方向性均不够理想。为提高天线效率和获得更为尖锐的方向性,可采用具有一个反射器和一个引向器的天线,这就是三元八木天线,其方向图见图2-3-32。

一个实用的三元天线的外形见图2-3-33。它的最大接收方向或辐射方向是引向器的引伸方向,其方向性强弱取决于引向器的数目和各单元振子的尺寸、间距等。

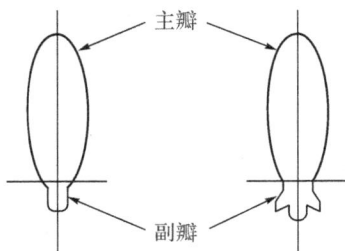

图 2-3-32　三元八木天线方向图

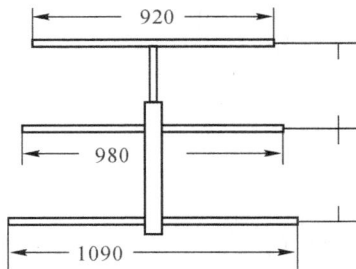

图 2-3-33　三元天线与测向机一体

为了使天线的方向性更好,效率更高,只要增加引向器的数目,安排好各单元振子的尺寸和间距即可。有两个引向器、一个反射器的天线称四元天线,有三个引向器、一个反射器的天线称五元天线。近几年来,越来越多的人喜欢使用一种缩短型天线。这种天线的优点是尺寸小(只有两个振子),而且增益和方向性均较好,特别是后瓣相当小。

目前2米波段测向机天线大部分采用三元天线。三元天线体积比较大,为便于训练和携带,可将各振子拆卸。在使用中切记不可将不同尺寸的振子相互颠倒,以免使测向机方向性受到严重破坏。

六、PJ-80 型 3.5MHz 频段（80 米波段）普及型测向机简介

PJ-80 型测向机为普及型 3.5MHz 频段测向机，市场上以套件或整机形式出现。该机电路简单，价格低廉，便于安装，主要适合于大、中、小学生开展普及活动用。

1. 主要性能指标

（1）频率范围：不窄于 3.48～3.62MHz。

（2）方向性：方向分辨距离小于 3 米。

（3）可接收距离：不小于 300 米（使用天线垂直架设的 PJ-80 型信号源）。

图 2-3-34　PJ-80 型测向机

2. 电路原理

PJ-80 型测向机由测向天线、高频放大级、可调差拍振荡器、差频检波器、音频前置放大级、音频功率放大级及耳机等组成。这是一种直接变换型接收机，简写为 DC 型，是业余无线电接收电路中最简单的一种。"直接变换"是指接收到的高频信号的频率在调变换为音频信号之前，不作任何其他变化。

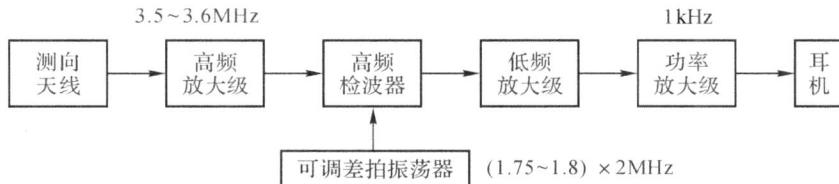

图 2-3-35　PJ-80 型测向机方框图

从方框图（见图 2-3-35）可见，PJ-80 型测向机没有本振级和中放级，在电路程式上和

信号处理上,与超外差式测向机有一定的区别。

测向天线接收到 3.5～3.6MHz 的等幅电报信号后,送至高频放大级进行放大。放大后的信号与可调差拍振荡器产生的 1.75～1.8MHz 振荡信号的二次谐波一起加到差频检波级。调整差拍振荡器的频率,使其产生比接收信号高或低 1kHz 的信号。此信号与高放输出信号进行差频检波,得到 1kHz 的低频信号。然后再送至低频放大级和功率放大级加以放大,最后送至耳机。我们即可收听到电报信号了。可见,在信号处理上,本机并不像超外差式测向机那样,设有两个振荡器:一个是本机振荡器,产生比外来接收信号高或低 465kHz 的高频振荡信号,与高放信号混频后,得到一个 465kHz 的中频信号,再进行中频处理;另一个是差拍振荡器,产生比 465kHz 中频信号高或低 1kHz 的振荡信号,与中放输出信号差出 1kHz 的低频信号。而现在,我们只用了一个振荡器,就直接差出了低频信号,同时起到了选台和差拍作用,省略了中频转换和处理,大大简化了电路。

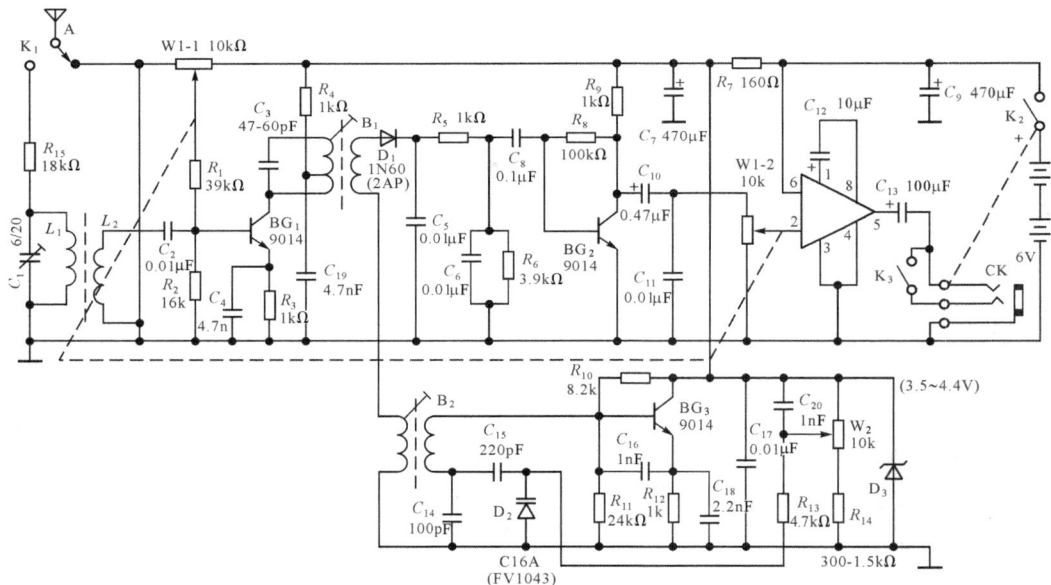

图 2-3-36　PJ-80 型测向机电路原理图

图 2-3-36 中 L_1 为磁棒天线,A 为拉杆天线,K_1 为单、双向转换开关,用于判断电台方向,BG_1 及外围电路组成高频放大器,将天线接收的高频摩尔斯码信号放大后由 B_1 耦合输出。BG_3、C_{14}、C_{15}、D_2、C_{16}、C_{17} 及 C_{18} 组成,是典型的串联型电容三点式振荡电路,调节 W_2 可改变变容二极管 D_2 反偏电压,从而改变该管电容量使振荡频率发生变化。稳压管 D_3 用于消除因电池电压下降造成振荡频率不稳。振荡信号与 B_1 输出的高频信号叠加,再由二极管 D_1 混频产生差拍信号,经检波和低通滤波后产生的音频信号由 BG_2、

LM386 组成的低频功放电路放大,这里 D_1 起到混频和检波双重作用。K_2 为耳机插座控制的电源开关,使用立体声耳机时 K_3 合上。

3.电路分析

(1)测向天线

测向天线部分由直立天线 A,单双向转换开关 K_1,调相电阻 R_{15},磁性天线 L_1、L_2 及调谐电容 C_1 等组成。L_1 与 C_1 并联,调整 C_1,使天线回路谐振于 3.53MHz。

(2)高频放大

高频放大级由晶体管 BG_1、偏置电阻 $R_1 \sim R_4$、耦合电容 C_2、谐振电容 C_3、旁路电容 C_4 及高放线圈 B_1 等组成共发射极高频放大电路。

测向天线接收到的 3.5～3.6MHz 高频信号通过隔直流电容器 C_2 耦合到三极管 BG_1 的基极。信号电流在 BG_1 基极和发射极间流过,通过三极管的电流放大作用控制着集电极的电流。BG_1 的集电极负载是由可调电感 B_1 初级和电容器 C_3 组成的 3.5MHz 并联谐振回路。当随着信号而变化的 BG_1 集电极电流流过并联回路时,只有与回路固有谐振频率相同的信号才会在回路内激起最强的振荡电流,而其他频率的干扰信号则被相对削弱。为了使 BG_1 的集电极输出阻抗和 B_1/C_3 相匹配,以保持最佳的选择性和整机增益,B_1 初级线圈中间抽头,只让集电极电流流过它的一部分。

B_1 的初级线圈与 C_3 并联,调整 B_1 磁芯,谐振于 3.57MHz,这样即可与天线回路的谐振频率 3.53MHz 进行参差调谐,使整个高频放大曲线在 3.5～3.6MHz 的接收频率范围内均较平缓,即高放增益较均匀,见图 2-3-37。为使测向机在近台区强信号时,高放级不出现阻塞现象,仍能维持正常的放大并保持良好的方向性,采用控制高放级工作点(调节 W1-1)来控制高放增益。此办法不仅可省略衰减开关,而且可获得非常宽的增益控制范围。不过,改变工作点会造成一定的失真,但由于我们接收的是电报信号,在听觉上不会有太大的影响。

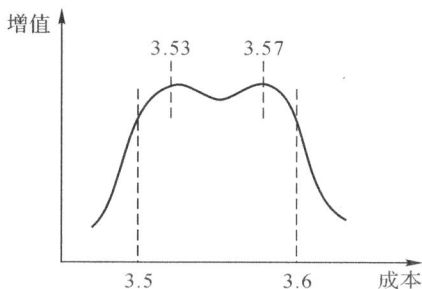

图 2-3-37　天线及高放回路调谐点

R_3 是 BG_1 的直流负反馈电阻,如果由于某种原因流过 BG_1 发射极的总平均电流增大,这个电流流过 R_3 时的电压降会成比例增大,使基极—发射极的相对电压降低,基极平均电流减少,这个减少量通过三极管的电流放大作用使流过发射极的总电流减少。这样,不论温度变化还是电池电压变化,R_3 都起着维持 BG_1 平均电流恒定的作用,或者说稳定了 BG_1 的直流工作点。

我们希望 BG_1 的平均电流稳定,而流过管子的信号电流则越大越好,不能把变化着的信号电流也给"稳定"掉了。为此在 R_3 上并联了高频旁路电容器 C_4。对于电流的直流分量讲,电容器不起作用,相当于开路,R_3 起作用。对于电流的高频信号分量讲,电容器很容易让它通过,相当于短路,R_3 不起作用。

电位器 W1-1、电阻 R_1、也是 BG_1 的基极偏流电路。电源的正极通过电阻 R_7 后,在电位器 W1-1 的滑臂和地之间分出一个电压,经过 R_1,在 BG_1 的基极间形成一个直流偏置电流,保持 BG_1 平时"偏"于导通状态,当从天线输来一个向正、负两方向振动的高频信号后,基极的总电流在原来偏置的基础上随之增减。基极偏置电流如果合适,BG_1 的放大倍数可以充分发挥,整机灵敏度最高,适用于远距离测向。当接近电台时,如果 BG_1 仍具有很高的放大倍数,集电极电流就会过载。这时可以将电位器 W1-1 的滑臂旋向靠近地的一端,减小 BG_1 的偏置电流,使 BG_1 工作在放大倍数很小的接近于截止的工作点。因此 W1-1 就是控制高频增益的旋钮。为了达到简易的目的,W1-1 和后面的音量电位器 W1-2 采用连在一起的"同轴电位器"使高频增益和低频增益同步调节。

高频放大器的放大量,或者说功率增益,取决于三极管的放大倍数和调谐回路的参数,大体上在 15dB 左右。

(3)可调差拍振荡器

可调差拍振荡器由晶体管 BG_3,差拍振荡线圈 B_2,变容二极管 D_2,回路电容 C_{14}、C_{15}、C_{16}、C_{18} 及直流偏置电阻 R_{10}、R_{14}、W_2 等组成,这是一个典型的串联型电容三点式振荡电路。其振荡频率在 1.75MHz 至 1.8MHz 范围内可调。因为振荡器的电流波形不会是纯粹的正弦波,所以总会含有一些谐波。本机实际上运用的是它的二次谐波,即 3.5~3.6MHz。不使用直接工作在 3.5~3.6MHz 范围内的振荡器是为了避免强烈的振荡信号漏到机外,形成对别人的干扰。

B_2 的初级线圈,与 C_{16}、C_{18}、变容二极管 D_2 的极间电容,C_{15} 和 C_{14} 串、并联的等效电容,组成了一个 LC 振荡回路。如果向 C_{18} 注入一个瞬变的电流,例如开机接通电源,BG_3 的发射极出现的电流流过 C_{18},这个瞬变电流的一部分流过振荡回路,激发出一个振荡电流。这个振荡电流在电容器 C_{14} 上的电压降正好使 BG_3 的基极得到一个额外的正向电压,使 BG_3 的基极电流增大。基极电流的增大经过放大作用,导致 BG_3 发射极总电流的增大,这个变化的电流流过 C_{18},又推动了振荡回路电流的增加。这一正反馈过程使 BG_3 的电流迅速上升,直到 BG_3 集电极电流达到饱和状态。这时 C_{18} 中不断增加的电流不再存在,振荡回路的电流不再增加,C_{14} 上有利于基极导通的额外的正向电压消失,导致 BG_3

的总电流减小。向负方向变化的总电流的变化分量以与刚才相反的方向流过 C_{18}，经过 C_{14}，使 BG_3 的基极向反方向偏置，BG_3 电流进一步减少。这一反馈过程持续到直至 BG_3 截止。这样，周而复始，形成连续的振荡。

为了使振荡频率和幅度尽量稳定，BG_3 的供电由 6V 电池经电阻 R_7 和一个 4V 左右的稳压二极管 D_3 得到。

电路的振荡频率由构成前述振荡回路的各元件参数共同决定。为了振荡频率稳定，B_2 应选用高质量的磁芯、骨架和绕制工艺，各电容器尤其是 C_{14} 应选用温度系数小的云母、玻璃袖或聚酯薄膜电容。为了在面板外能调节振荡频率，LC 回路中接入了变容二极管 D_2，变容二极管在使用时总是加以反向偏置，处于截止状态。它的 PN 结的厚度由所施加的反偏电压决定。反偏越深，PN 结越厚，结电容越小，回路的振荡频率越高。W2、R_{13}、R_{14} 组成变容二极管 D_2 的偏置电路，调节 W_2 即可改变振荡频率。为得到较宽的频率变化范围，可选用电容量变化大的变容二极管，也可改变 R_{13}、R_{14} 的阻值。本机的调谐电位器 W_2 从 4V 稳压二极管分出一个电压，经电阻 R_{13} 的高频隔离，送到变容二极管 D_2。改变电阻 R_{14} 的阻值就可以改变 W_2 的电压调节范围。即本机采用的是电调谐方式，通过改变加在变容二极管 D_2 上的偏置电压来改变 D_2 两端的电容量，从而达到改变振荡频率及改变频率覆盖范围的目的。为提高电路的频率稳定性，采取了两点措施：一是选择温度系数较小的电容做回路谐振电容 C_{14}、C_{15}；二是设稳压管 D_3 来稳定振荡器的工作电压。

R_{10}、R_{11} 是 BG_3 的偏流电阻，R_{12} 是稳定直流工作点的负反馈电阻，C_{17}、C_{20} 是高频旁路电容。

B_2 初级线圈的振荡电流通过磁场耦合到 B_2 的次级线圈，送到差拍检波级。

（4）差拍检波

差频检波器由检波管 D_1，RC 型滤波电路 C_5、C_6、R_5 及检波负载 R_6 组成。高放级 B_1 次级线圈里感应出的外来高频信号电压与差拍振荡级 B_2 次级线圈感应出的振荡信号电压相叠加后，加到检波二极管 D_1 当两个不同频率的信号电压同时加在检波二极管两端时，将在其负载电阻 R_6 和滤波电阻 R_5 中形成电流。因 D_1 是一个具有单向导电性的非线性器件，故流过它的电流不但有反映总信号幅度的平均直流分量，还有频率等于两个信号频率之和、两个信号频率之差以及它们的高次谐波的组合。而我们所需要的，是经高放后的外来信号频率与差拍振荡器频率的二次谐波之差，约 1kHz。

假设从高频放大级输入的隐蔽电台信号频率为 3.540MHz。调节差拍振荡器旋钮 W2，使本机振荡频率为 3.541MHz。这时检波二极管 D_1 的电流中会有 0.001MHz、3.540MHz、3.541MHz、7.082MHz 等各种新频率的分量。其中高频成分的电流很容易从 C_5、R_5 和 C_6 组成的 RC 型低通滤波电路中的电容器里通过，使流过负载电阻 R6 的电流只剩下 0.001MHz，即 R_6 两端的信号压降中只有 1 组音频信号成分。如果隐蔽电台的信号受到键控,这个音频信号电压也会随之有无,变成音频电码;而音频信号幅度的大小则和输入信号的强弱有关。

(5)音频前置放大

当测向机离开电台很远时,R_6 两端的音频信号将很弱,为了能清楚地听辨,先用低频三极管 BG_2 对它进行一次放大。音频前置放大级由 BG_2 及 R_3、R_9、C_3、C_{10} 等组成共发射极放大器。其中 R_8、R_9 为电压负反馈偏置电路,C_6、C_{10} 为耦合电容。

检波级输出的音频信号电压经隔直流电容器 C_8 耦合到 BG_2 的基极,形成基极电流。经过三极管的放大作用,在 BG_2 集电极负载电阻 R_9 里形成强烈得多的信号电流,这个电流在的两端造成较大的信号电压。

R_8 是供给 BG_2 基极偏流的电阻。由于它的一端接在 BG_2 的集电极上,所以基极偏置电流受到集电极的电压的影响。如果由于某种原因集电极电流增大,集电极电流经过 R_8 时两端的压降增大,BG_2 集电极电位降低,经过 R_9 的基极电流随之变小,使集电极电流减小。因此这种接法有负反馈作用,在一定程度上起到稳定工作点和减小失真的作用。

(6)音频功率放大

音频前置放大后的信号经 C_{10} 耦合至集成电路 LM386 进行音频功率放大。LM386 是一种非常普及的集成音频功率放大器。它的外部线路十分简单,只要在第 6 脚(+)和第 4 脚(一)间加上 4 至 12V 的直流电源,在第 2、3 两脚之间送入音频信号,即可在第 5 脚得到足够推动耳机或扬声器的放大了的信号。LM386 的功率增益为 46dB(当第 1、8 两脚间接有电解电容器时),当反馈电容 $C_{12} = 10$ 同时,LM386 的电压增益可达 100 倍。电源为 6V 时的最大输出功率(失真度 THD = 10% 时)为 325MW。

音频前置放大器 BG_2 集电极输出的音频信号经隔直流耦合电容 C_{10} 加到音量电位器 W1-2 两端(W1-2 与高放级 W1-1 同轴控制),调节 W1-2 可改变输出信号的大小。即可根据对音量的需要,从电位器 W1-2 的滑动抽头抽出一部分送到 LM386 的第 2 脚。C_{11} 是高频旁路电容器,使音频信号中频率较高的分量短路入地而不被放大,以削弱耳机中刺耳的"嘶嘶"背景噪声。

放大后的音频信号经 C_{13} 是隔直流电容器送到耳机插座 CK。本机耳机插座的结构比较别致,和整机电源开关联成一体。插入耳机,电源即自动接通。拔出耳机插头,电源、即自动关断。

4.调试

PJ-80 型测向机的 DC 型接收机,调试比较简单(见图 2-3-38)。如果装配焊接没有错误,按下列步骤调试。

(1)调整可调差拍振荡器的频率覆盖范围

如果有高频信号发生器,可将 PJ-80 的增益控制电位器 W_1 置于顺时针最大位置,调

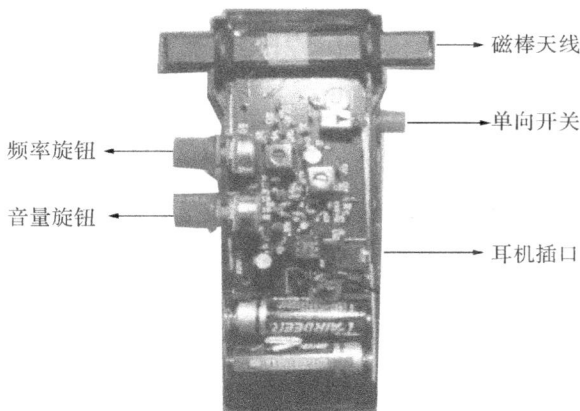

图 2-3-38　PJ-80 型测向机内部结构

谐电位器 W_2 置于中心位置,将信号发生器调制方式置于等幅位置,高频输出幅度置于最大位置,输出端接成一个短路圈套在 PJ-80 的磁性天线上。在 3.5～3.6MHz 左右的范围内转动高频信号发生器旋钮,直到测向机耳机内发出音调随信号发生器旋钮变化的差拍啸叫声。将高频信号发生器置于 3.55MHz,调 B_2 磁心,使耳机中听到差拍啸叫声。旋转 W_2,应能听到信号发生器分别输出的 3.5MHz 和 3.6MHz 的信号。如果高端听不到而低端却有较大余量,可将 B_2 磁性作逆时针方向调节。反之,作顺时针方向调节。如果收听频率范围太宽,适当增大 R_{14} 阻值,反之,减少 R_{14} 阻值。

如果没有高频信号发生器,可以用测向信号源代替,将调整的测向机靠近测向信号源天线即可。

另一种调整振荡器频率的方法是利用通信收信机。任何覆盖 3.5～3.6MHz 的可连续调谐的通信接收机都可使用。将通信收信机置于等幅报(CW)方式,用一段塑料皮导线作为收信机天线并靠近待调整测向机的振荡线圈,转动收信机调谐旋钮,即可在某一频率听到待测 PJ-80 型测向机差拍振荡器的信号。调整 B2 的磁芯,使测向机可调差拍振荡器的振荡频率正好为 3.5～3.6MHz,并两端略有余量。

(2)调整天线回路

收听高频信号发生器或测向信号源的 3.53MHz 信号,调节 C_1,使测向机耳机声音最大。如调不出声音最大点,可改变磁棒上线圈的位置,重新调节 C_1。

(3)调整高放回路

收听高频信号发生器或测向信号源的 3.57MHz 信号,调节 B_1 磁芯,使测向机耳机声音最大。如调不出声音最大点,可改电容器 C_3 的数值,重新调节 B_1。如磁芯调到跟上端声音仍是增大趋势,减小 C_3 的容量,反之,如磁芯调到最下端声音仍是增大趋势,增大

C_3 的容量。

（4）检查方向性

在平坦空旷的场地中间架设一部测向信号源，其天线应尽可能垂直，先在距信号源的几十米处，试听磁性天线的"双向"特性，后拉出拉杆直立天线，按下"单向"开关，试听加入直立天线后的"单向"特性。调节拉杆天线长度，使之能分辨出"单向"，并记住该机的"大音面"，若单向分辨困难，应改变 R_{15} 数值，再进行试验，可分辨单向的离信号源的最小距离约 3 米。

七、PJ-2A 型 144MHz（2 米波段）测向机简介

PJ-2A 型（三单元）2 米波段无线电测向机为超外差式电路设计，性能良好，适用于大、中、小学开展小型场地的短距离无线电测向训练和竞赛。

1. 主要性能要求

（1）频率范围：不窄于 144～146MHz；中频。

（2）频率：10.7kHz。

（3）灵敏度：不劣于 $1\mu V$。

（4）选择性：对间隔 100kHz 的信号明显可辨。

（5）方向性：距电台 3 米内有较好的方向性。

（6）音频输出功率：不小于 150mW。

（7）电源电压：6V。

（8）整机耗电：静态小于 15mA。

（9）辐射度：小于 3 米。

（10）实物尺寸：510mm×38mm×25mm。

2. 电路原理

PJ-2A 型测向机的电路方框图见图 2-3-39，电路原理图见图 2-3-40。

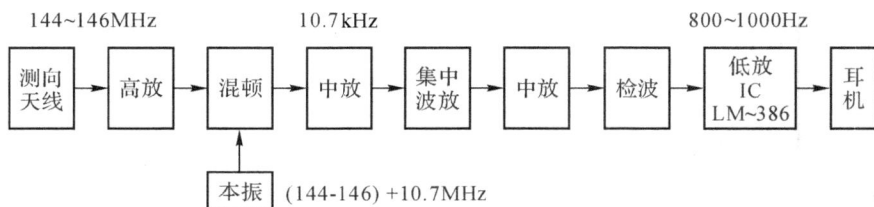

图 2-3-39　PJ-2A 型测向机的电路结构

3. 注意事项

（1）注意手持测向机方向：短距离 2 米波段测向规定隐蔽电台发射的是垂直极化波，

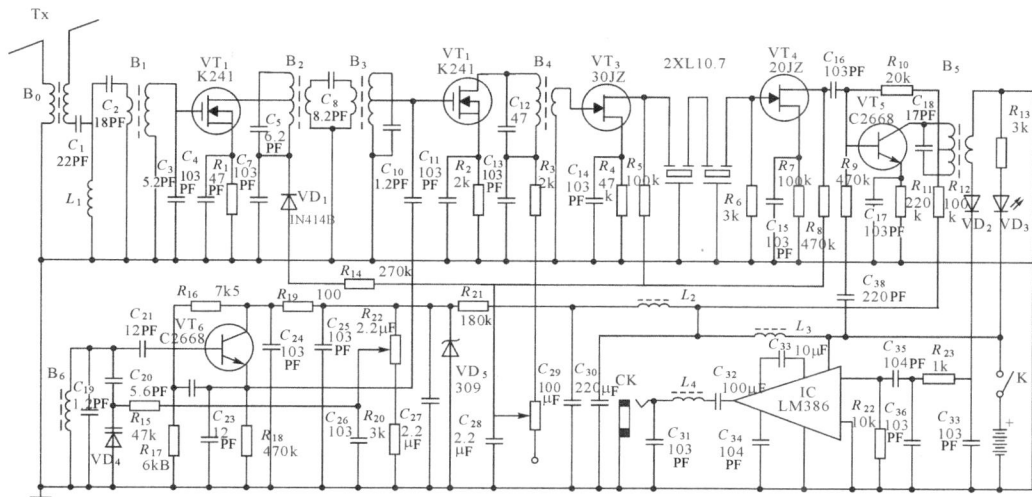

图 2-3-40　PJ-2A 型测向机的电路原理

收测时需将测向机天线振子与地面保持垂直。(标准距离 2 米波段测向规定隐蔽电台发射的是水平极化波,收测时需将测向机天线振子与地面保持平行。)

(2)在未知电台信号强弱的情况下,先将测向机"音量"顺时针置于最大位置,调节"频率"钮,同时转动天线方向,直到收到所需电台信号,然后根据信号强弱,适当调节"音量"钮,使所收信号在天线转动时音量变化较明显。

(3)接近电台时,应及时调节"音量"钮,以确保测向机各级电路处于线性放大状态,否则方向性变坏,甚至失去方向。正确灵活地使用音量旋钮,不但有利于测出电台方向,还可估计出隐蔽电台的大致距离。

(4)测向机的耳机插座兼电源开关。因此,耳机插头插入耳机插座后,全机电源接通。拔出耳机插头,电源关断。

八、无线电测向接收机(测向机)的校检与检修

测向机是运动员"猎狐"的武器。测向机的性能如何,对运动员技术发挥至关重要。因此,在使用前都应当进行校验,校验内容主要有方向性、灵敏度、衰减开关的适用距离和频率覆盖范围四项。

1. 方向性

这是测向机最重要的指标之一。要求在不同的距离都只有较小的指向误差,即使在接近到相距电台 3～5 米时,也应保持清晰而正确的指向。

方向性的校验主要在近距离进行。为了防止电波反射造成影响和干扰,设置电台时

应选择在无电力线、无高大建筑物的平坦而空旷的场地,天线要按规定架设。80米波段发射机天线尽可能竖直,确保发射垂直极化波。如果使用软天线,可以用木杆或树干固定天线,如果天线过长,多余部分应紧绕成团,置于天线的顶部。2米波段发射机天线的振子应悬空并保持水平位置,离地面1.5米左右。校测时,运动员持测向机在不同距离测向,检查指向误差角度。

80米波段测向机双向误差较大时,主要检查磁性天线部分。常见故障如下:

(1)磁棒断裂。由于天线线圈底筒具有夹持固定作用,磁棒在中部断裂不容易发现,需打开天线盒边遥搜磁棒边看有无断裂。发现断裂时,应以同样长度的中波磁棒换替,再微调天线配谐电容,使之对3.55MHz谐振。

(2)磁棒在天线屏蔽盒内固定不牢,受震后露出盒的部分一头长一头短,对称性被破坏。遇有这种种情况,应予复原并加固。

(3)天线线圈不在磁棒的中心位置。

(4)天线屏蔽盒严重变形,"裂缝"中堵有较小的异物。此时应予整形,并剔除异物。

80米波段测向机单向的校验只有在确认双向误差不大的条件下进行。校验时,应测试在不同距离的情况下获得良好单向时直立天线的不同长度。在近台区,直立天线长度大约20~30厘米就够了;在远距离时,允许将直立天线抽长一些,以提高灵敏度。对单向不良,应首先检查自己使用测向机方法是否正确,包括频率是否调准,音量是否适当,直立天线长度是否适度等。如经检查操作无误,则可能存在以下故障。

(1)单双向转换开关损坏。

(2)调相电阻(该电阻在单双向转换开关附近,阻值取4.7~9.1kΩ)断裂、同机壳相碰或阻值不当。

(3)直立天线(即拉杆天线)同机壳短路。短路常发生在底座和伸出机壳的开孔这两个部位。

(4)直立天线到单双向转换开关间引线脱焊或虚焊。

2米波段测向机普遍采用振子天线。其方向性主要是由天线各振子的长度和各振子间的距离决定的。这些长度和距离在制作过程中,经过设计、试验后,一般不再变动。方向性不良时,首先应检查振子的顺序装错了没有以及会不会把几部同型号测向机的振子混装了。对于两单元天线的测向机,还需检查馈线、微调电容器、S形移相连接杆这三个部位的焊点是否牢靠。

2.灵敏度

测向机也属于无线电接收机。接收机灵敏度是指接收微弱信号的能力。测向机的灵敏度,最终反映在能在多远的距离上听到发射机发出的信号这一点上。灵敏度当然是高一些好,这样,在很远的距离上,别人听不清、测不准的信号,你可以听清、测准,就占有优势。

校验测向机灵敏度,可以采用运动员原地收测,发射机逐渐向远距离运动时的办法,也可以采用发射机固定,运动员边测听边运动,逐渐拉开距离的办法。无论用哪种办法,为使结果可靠,都应注意以下几点。

(1)信号源(发射机)和测向机的电源电压正常。

(2)地形平坦,收、发两点连线上无高大阻挡物。

(3)发射天线架设良好,能保证正常的发射。

3.衰减(远、近程)开关的适用距离

标准距离的测向机多数设计有一个增益(即放大量)控制范围很大的电位器。在需要降低测向机的灵敏度时,旋动这个电位器,可以同时改变高放和中放的工作点,大大压低整机增益,使其足以满足在近台区测向的要求。但是,许多测向机同时又设计有近台区专用的衰减开关,衰减开关是应运动员要求而专门设置的,用于判断到电台的大致距离。校检时,先在距电台约 200 米处调谐信号,将音量电位器(即增益控制电位器)关小到约 1/3 处,再将衰减开关拨到"近"挡位,逐渐向电台靠近,到重新能听清信号时停步。这时站立点到电台间的距离,就是衰减开关的控制距离。如果在校测时测得控制距离为 90 米,此后在训练中重复以上操作仍能听到信号时,就可以估得电台已很近了(大约在 90 米以内)。

不同的人对控制距离有不同的习惯和要求。有人习惯于 150 米左右,用以判断是否已进入近台区;有人习惯于 10 米、20 米,用于判断可否开始搜索。如果测向机衰减开关控制距离不符合使用者自己的习惯和要求,只需调换同衰减开关相连的衰减电阻的阻值。更换时不必担心会影响测向机的灵敏度、方向性等其他指标。

4.频率覆盖范围

竞赛中,80 米波段使用频率在 3.5～3.6MHz 范围内任选;2 米波段使用频率在 144～146MHz 范围内任选。测向机应分别覆盖这个范围,并在上、下两端各留出余量。一般为 3.45～3.65MHz 和 143～147MHz,以免频率漂移后收不到信号。

校验时,用标准信号发生器或良好的电台发信,分别发出上、下限频率,再测向机接收,并在频率调谐旋钮底下的机壳上做出标记,检查余量是否充分。测向机接收频率一旦发生漂移,就应调谐本机振荡线圈电感量予以恢复。80 米波段测向机的本机振荡线圈外形同中频变压器相似,可以用改锥旋动磁芯。改锥口宽应当同磁芯口紧配合,免得撑碎磁芯。2 米波段测向机的本机振荡线圈多系单层绕制的空心线圈,可以拨动线圈,调节匝间的疏密改动电感量。通过上述调整,可以使测向机接收频率的上下限同时向上或向下移动。

5.常见故障的检修

无线电设备可能发生的故障往往很多,查找故障的本领主要靠长期实践的经验积累。如果一部 PJ-80 型测向机停止工作,可以先确定发生故障的功能块,再确定故障功能块中的具体故障点。下面叙述的每一部都建立在已经通过上一步检查的基础上。

（1）开机后完全无声

开机后完全无声，甚至开机电源的瞬间耳机中也没有任何"喀喀"声，多半是耳机插头座或耳机引线或者电源部分的毛病。除了试更换耳机外，可用万用表的直流电压挡从电池起追踪检查，从电池负极到电源开关两端（电源开关在耳机插座后半截）、R_7 两端的电压。

（2）检查音频功率放大级

如开关机瞬间耳机中有"喀喀"声，但不能接收信号，可先检查音频功率放大级。将增益控制旋钮 W1 放在顺时针最大位置，用手捏住螺丝刀的金属杆，触碰集成电路 LM386 的第 2 脚，耳机中应有"喀喀"声，有时还有"嗡嗡"的交流声或广播声。如果没有，可能 LM386 损坏，或者 C_{13} 短路或干枯。

（3）检查音频前置放大级

如音频功放良好，可用手捏住螺丝刀的金属杆，触碰音频前置放大三极管 BG_2 的基极，耳机中应有更大的"喀喀"声和"嗡嗡"的交流声或广播声。如果没有，问题就出在这一级，应着重检查三极管的工作点、电位器 W1-2、电容器 C_{10}。

PJ-80 型测向机说明书给出了有关工作点的电压。如说明书没有，可以按照下列原则用万用表直流电压挡检查。

首先检查 BG_2 的供电电压，即稳压二极管 D_3 两端的电压，正常应为 3.5～4.4V。如果为 0，说明 D_3 或 C_7、C_{17} 损坏（击穿或短路）。

BG_2 基极对发射极电压应为 0.7V 左右。如果远低于 0.7V，说明偏流电路有问题（R_9 开路）或 BG_2 损坏（基极击穿，在小信号放大器中几乎不会发生）。如果远大于 0.7V，说明三极管损坏（基极开路）。

小信号放大硅管的集电极对发射极电压应为明显低于它的供电电压（在 PJ-80 型中 BG_2 的供电电压就是稳压二极管 D_3 两端的电压）。如果接近于 0V，三极管损坏（集电极击穿）或者偏流电路有问题（过偏置导致三极管饱和导通）。如果接近于供电电压，三极管损坏（集电极开路）。

上述检查 BG_2 工作点的方法一般也适用于检查其他各种使用硅三极管的小信号放大器。

（4）检查可变差拍振荡器

用示波器观察振荡管 BG_3 发射极，应能看到高频振荡波形。否则就是 BG_3 没有起振。

如果没有示波器，则可用万用表直流电压挡测量 BG_3 的基极和发射极间的电压，应能看到基极比发射极"负"零点几伏。这个"负电压"是由于振荡电压被 BG_3 基极整流造成不对称而引起的真流分量。如果基极平均电位不比发射极低，说明 BG_3 起振不正常。

BG_3 不起振,除了检查 BG_3 以及相关的阻容元件外,要考虑到线圈 B_2 内部损坏(如短路)的可能性。

检查可变差拍振荡器振荡频率范围的调整请参见本节"PJ-80 型 3.5MHz 频段(80 米波段)普及型测向机简介"部分。

(5)检查差拍检波极

将高频信号发生器放在等幅和输出 $100\sim1000\mu V$ 的状态,其高频输出端经过一个 $100pF\sim0.1\mu F$ 的隔直流电容器耦合到检波二极管 D_1 的正极。当变化信号发生器的频率与可变差拍振荡器的振荡频率一致时,应能听到差拍啸叫声。否则说明检波二极管 D_1、B_1 或 B_2 损坏。

(6)检查高频放大极

将测向机的增益控制 W1 放在顺时针最大位置,将高频信号发生器置于 $10\sim100\mu V$ 等幅信号的状态,其高频输出端经过一个 $100pF\sim0.1\mu F$ 的隔直流电容器交替耦合到高频放大管 BG_1 集电极或基极。调节 W_2 收听信号发生器的信号。当信号注入 BG_1 基极时,耳机中的声音应明显强于注入集电极的情况。否则说明高放极没有工作。

检查高放极直流工作点的原则和音频前置放大极相似。BG_1 的基极应高于发射极 $0.7V$,集电极对地电压应明显高于发射极对地电压、明显低于供电电压。

(7)磁性天线

如果以上各部分都正常工作,而整机不能接收信号,则应检查磁性天线的线圈是否断了。

九、PJ-80 型测向机双向产生误差的原因及解决办法

有时发现 80 米波段测向机双向并不准确地指向发射机天线,而明显的存在一定偏差,产生方向偏差有诸多因素,归纳起来为两类:一是外界环境影响形成的误差(如电波的反射、折射以及辐射等),以及发射天线的架设不规范(如不垂直)而在某些地点造成的测向误差。二是测向机自身存在的误差,这是因为机器结构上的不对称和机内存在的天线效应而造成的。现介绍两类误差的识别及解决办法。

1. 识别方向误差是否是外界环境影响所致

(1)当发现测向偏差时,在该测向点用多部测向机(最好有已知方向准确的测向机)验证。如果均呈现基本相同的误差,说明该点误差是外界环境影响所致,而不是测向机自身的误差。

(2)在可视发射天线的范围内(距离发射天线 50 米以上)发现测向偏差时,向左(或右)方向围绕发射天线转动一定的距离,观察其误差角度变化,若出现明显变化,说明该误差是环境影响所致。

测向练习中,遇到环境影响造成方向偏差的情况是很多的。但多数偏差在 $10°\sim20°$

范围内,基本不影响前进的大方向,并且随着离电台越来越近,此误差造成的实际距离误差越来越小,再加上"比音量"等技术的使用,找到电台也就较为顺利了。

2.检测测向机方向性的方法

拿到一部新测向机,必须对其方向性是否准确等主要性能进行野外测试和实地体验。此时应注意以下几个方面。

(1)场地的选择一定要远离可能对电波传播产生较大影响的楼房、电线等物体,还要考虑到地形较平坦、可视距离稍远(约100米)、便于移动等因素(如郊区、大型公园等因素)。

(2)电台应架设在一个目标明显的树上或在此树上悬挂一明显标志物,便于识别天线的准确位置。

(3)电台天线的架设一定要垂直于地面。

(4)测向点通常选在距电台约60~80米处,并可直接看到天线(或标志物)。在电台接近处(例如10米内)可体会测向机的方向、音量等特性,但不可在此距离上鉴定测向机方向的准确性。

(5)应多部测向机(最好有已知方向准确的机器)在同一测向点对照测试,若出现因环境影响形成方向偏差,可横向移动一定距离避开选择出方向好的测向点。通常将方向误差控制在50米以内,视为正常。因为这个误差对接近电台已不会造成困难。

3.改进PJ-80型测向机双向的办法

PJ-80型测向机电路极为简单,它的方向性能不可能完全达到人们的期望。但若发现了双向明显偏差,可从下列几方面着手改进。

(1)给磁棒线圈加内屏蔽:剪一个比线圈长度两侧各宽5毫米的紫铜皮,卷包在磁棒与线圈之间,铜皮的对接口不可闭合,应留约1毫米的窄缝,并将此缝朝上。下端焊一导线连接电路板的地线(此线不可太长)。加装内屏蔽后会改变天线回路的谐振状态,因此,必须按要求重新调机。

(2)检查PJ-80型测向机的外屏蔽:外屏蔽是用铝膜不干胶或铝箔不干胶贴在机壳内壁完成屏蔽作用的,两个机盖合拢时上方的屏蔽纸既不可相连短路,又不可相距太远,应留有1毫米左右缝距,达到既不影响接收信号又起到屏蔽作用的目的。

(3)检查直立天线引线和磁性天线引线是否过长,过长起到直接接收电波的反作用。

(4)用双向小音点测向时,此时不需要拉杆天线工作,应把此天线压缩回去,全部收到机内,减少直立天线接收电波后对磁性天线的影响,改善其方向性。

第四节　无线电测向发射机

一、无线电测向发射机(信号源)的使用和维护

1. 发射机的结构及各部分的作用

(1)发射机

它由振荡级、缓冲放大级、功率放大级组成。振荡级产生一个频率稳定的高频信号，经放大到足够功率后输出给天线。

(2)时控器

它的作用是控制发射机的工作、关机时间，使发射机按照操纵者的意图，以开机1分钟，关断1～4分钟的节拍连续循环工作。

(3)键控器

其作用相当于自动电键。发射机拍发电码过去是由人工操作电键实现的，叫作手键控制拍发。现在已经可以生产种类繁多的半自动键和自动键。2米、80米波段测向发射机内采用自动键。在机内有专门的集成电路进行编码，通过面板旋钮可以控制编码电路自动连续拍发呼号"MOS""MOH"等。编码电路终端通过一只超小型密封继电器实现发射机的联接。

时控器和键控器组合构成自动控制器，简称自控器。有了自控器，隐蔽电台就可以在人工设置初始状态和工作方式后自动连续工作。

(4)天线

天线的作用是将发射机输出的高频电流转换为高频电磁波向空间辐射。80米和160米机的发射天线是软天线，通过插塞实现同发射机的联接。2米发射机采用振子天线。

2. 发射机的使用常识

(1)发射机属于国家无线电管理器材，使用前，必须到当地的无线电管理委员会办理使用执照，按规定投入使用。

(2)转动面板上的各种转换开关和旋钮时，动作要轻，要均匀，不要用力过猛。若旋钮转不动或旋钮指位已到终止位置还能转动，都应检查是旋钮紧固螺钉松动还是内部卡死，切勿盲目地硬用力，以致损坏机件。

(3)发射机天线回路是否调谐到谐振状态，不仅影响发射功率，还会对功率放大级晶体管的工作状态产生很大影响。天线断路或天线同发射机外壳相碰，是天线回路换谐的严重状态，极易损坏发射机，要绝对避免。因此，要经常检查天线内部是否断线。2米馈

线粗硬,中部断线不多见,断线常见于电缆接插头部位。

(4)不要让机器受撞击和震动,以免机内零件因剧烈震动而损伤。

(5)工作中发现机器有毛病时,应立即断开电源进行检查,不能让机器带"病"坚持工作,以免增加损坏程度。

(6)不工作时,应及时断开电源,节约用电,以延长电池使用寿命。

(7)每次使用完毕,须用干净的布擦拭机器,不使其面板、电池盒等部位有尘土和异物。

(8)要保持机器干燥。练习中遇雨时,可以用塑料布遮盖。机器内部受潮可以用红外线灯的辐射热烘烤驱潮。

(9)长期闲置不用的机器,应取出电池,避免电池渗漏液体腐蚀机器。

二、短距离测向发射机简介

1. T3500B 型无线电测向发射机简介

T3500B 型无线电测向发射机是短距离无线电测向竞赛规则专用设备(见图 2-4-1)。

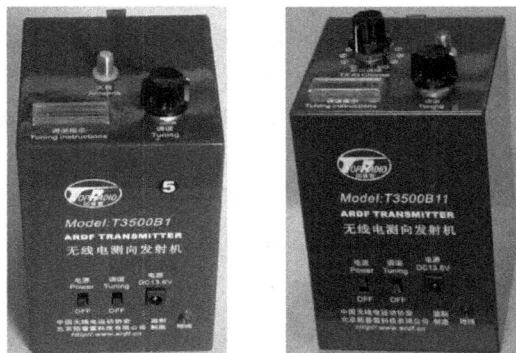

图 2-4-1 T3500B 型无线电测向发射机

(1)主要性能指标

①工作频率:T3500B1 在 3500～3600kHz 内设定单个频点、标识;T3500B11 在 3500～3600kHz 内确定 11 个频点及相应标识,由面板开关选定所需标识。

②频率稳定度:不劣于 50×10^{-6}。

③载波发射功率:$\geqslant 0.8W(PEP)$。

④工作方式:自动连续拍发等幅电报,速度为每分钟 45～75 字符。

⑤电源:DC9V/12V,机内设置 2 种供电连接方式。

发射机标识及电码格式见表 2-4-1:

表 2-4-1　T3500B 型无线电测向发射机标识及电码格式

标识代号	字　符	摩尔斯电码	工作频率
1 号台	MOE	—— ——— ·	3510kHz
2 号台	MOI	—— ——— · ·	3520kHz
3 号台	MOS	—— ——— · · ·	3530kHz
4 号台	MOH	—— ——— · · · ·	3540kHz
5 号台	MO5	—— ——— · · · · ·	3550kHz
6 号台	6	— · · · · ·	3560kHz
7 号台	7	—— · · ·	3570kHz
8 号台	8	——— · ·	3580kHz
9 号台	9	———— ·	3590kHz
0 号台	0	—————	3500kHz
信号台	MO	—— ———	3600kHz

（2）操作使用说明

①供电电源安装：将发射机背面板上方的弹簧扣按下，向后取下背板，将机内电源线插头按红正黑负的标识和相应的直流电源连接牢靠（注意电源线电压选择正确且正负极不可接反），把电源装入机内，再装好背板。

②天线、地线安装：将随机所附的珍线（棕色）尽量伸展开来，利用天线顶端钩子垂直悬挂城树上或其他物体上，另一端接线端子牢靠拧紧在天线螺柱上；将随机所附的地线（黑色）插入地线插孔内，并将其尽量伸展开来放置于地面（无须与大地真正接通）。地线的作用是提高调谐的稳定性和发射功率。

③发射机工作：天线、地线安装完毕，将"电源"开关扳向上方，向上打开"调谐"开关，并立即旋转调谐旋钮，停在"调谐指示"最大处，向下断开"调谐"开关，发射机正常工作。

④使用完毕，及时关闭发射机电源开关，将发射天线和地线拆卸下来，把所有物件妥善装入机器包。

（3）注意事项

①在发射机架设时，应注意：一，周围环境对发射效率有重大影响，架设尽量选择不被高大建筑物、铁塔电杆、潮湿树木等强烈吸收、反射电波的物体所屏蔽的地方，天线尽量远离金属物及潮湿物体，天线顶端悬挂越高，发射距离越远。二，发射机应避免雨淋或受潮，炎热气候下使用时避免阳光直射。

②在调谐天线电路谐振时，应注意：一，天线电路处于谐振状态（调谐时，调谐旋钮指

示停在"调谐指示"最大处),对于保证输出功率,减少电池耗电非常重要。因此在电源开关打开后应立即调谐,减少在失谐状态下的工作时间,禁止用失谐的方法来减少发射功率。二,调谐时不要接触机壳、天线、地线,若手离开调谐旋钮时,调谐显示改变,则需重新微调,确保离开后,天线电路谐振状态。如果发射机及天线、地线的位置有任何变动,都应重新调整。

2. T144B 型无线电测向发射机简介

T144B 型无线电测向发射机用于短距离 2 米波段无线电测向运动(见图 2-4-2)。发射频率在 144～146MHz 内选定,载波发射功率≥0.3W,电码键控音频副载频脉冲调制。电源为 DC6V,1/4 波长偶极天线,垂直极化。

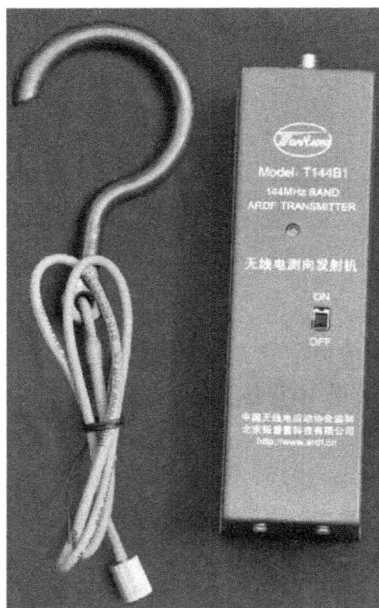

图 2-4-2　T114B 型无线电测向发射机

(1)主要性能指标

①工作频率:144.000～146.000MHz 之间固定频点。

②发射方式:电码键控音频副载波调幅(A2A),调制度 100%,相当于脉冲调制。

③载波发射功率:不小于 200mW(PEP)(50Ω 负载/电源电压 6V 时)。

④频率稳定度:不小于 50×10^{-6}。

⑤电码格式:速度为每分钟 75 标准字符(15WPM)。每部发射机用 1 个或 2 个字符的摩尔斯电码作为标识,连续拍发。拍发速度每分钟 25～80 个字符。

各台拍发的摩尔斯电码和工作频率见表 2-4-2：

表 2-4-2　T144B 型无线电测向发射机摩尔斯电码和工作频率

标识代码	摩尔斯电码	工作频率
1 号台	•－－－－	144.100MHz
2 号台	••－－－	144.200MHz
3 号台	•••－－	144.300MHz
4 号台	••••－	144.400MHz
5 号台	•••••	144.500MHz
6 号台	－••••	144.600MHz
7 号台	－－•••	144.700MHz
8 号台	－－－••	144.800MHz
9 号台	－－－－•	144.900MHz
0 号台	－－－－－	145.000MHz
信号台	－－　－－－	145.800MHz

⑥天线形式：1/4 波长偶极天线，垂直极化。

⑦电源：直流 6V（4 节 5 号 AA 电池）。

（2）操作使用说明

①供电电源安装：将发射机背面后盖上方的弹簧扣按下，向后取下背盖，将 4 节 5 号 AA 电池装入电源仓（弹簧为负极），再将后盖下面插好，上方的弹簧扣扣好。

②天线安装：将随机所附的天线尽量伸展开来，一端接线端子牢靠拧紧在天线螺柱上。

③发射机架设：将发射机天线上端的钩子悬挂在树上或其他物体上，使发射机自由下垂，天线垂直伸展。

④发射机工作：将电源开关向上闭合（拨向标有"ON"的一方）；进入工作状态，指示灯随拍发电码闪烁。

⑤使用完毕，及时将电源开关向下关断（拨向标有"OFF"的一方），将发射天线拆卸下来，把所有物件妥善装入机器包。

3. 短距离测向发射机架设注意事项

（1）电台的隐蔽和架设要按照实际情况进行。天线应垂直于地面，使测向的方向性较好，同时注意架设的牢固、可靠及不易被人踢踩。80 米波段和 2 米波段信号源架设见图 2-4-3 和图 2-4-4。

（2）电台的台号标志（或点标）和打卡器（或印章）离电台2米左右，在使用打卡器具时不应对电台的正常工作造成影响。

（3）使用信号源时先安装天线，再开电源开关，然后再进行调谐。每次架设后天线位置变动都必须进行调谐，调谐时人体不可碰摸金属机壳，禁止在失谐状态下工作，调谐后要关闭调谐。

图 2-4-3　80 米波段信号源的架设

图 2-4-4　2 米波段信号源的架设

三、标准距离测向发射机简介

1. T3500A 型无线电测向发射机简介

图 2-4-5　T3500A 型无线电测向发射机

T3500A 型无线电测向发射机用于标准距离 80 米波段无线电测向运动（见图 2-4-5）。隐蔽台（1～5 号）发射频率为 3.55MHz，信标台发射频率为 3.6MHz，载波发射功率

≥2W,电码键控载波发射,外接电源 DC12V,符合国际 ARDF 规则和全国锦标赛规则要求。

（1）主要技术指标

①发射频率:1～5 号台在 3550kHz;0 号台在 3600kHz。

②频率稳定度:不劣于 50×10^{-6}。

③载波发射功率:≥2W(PEP)。

④发射类别:A1A(表示调制方式为人工接收的等幅电报)。

⑤发射机标识及电码格式见表 2-4-3。

表 2-4-3 T3500A 型无线电测向发射机标识和电码格式

发射机	标识代码	发射机标识	
		字　符	摩尔斯电码
隐蔽台 1	1	MOE	— —　— — —　•
隐蔽台 2	2	MOI	— —　— — —　• •
隐蔽台 3	3	MOS	— —　— — —　• • •
隐蔽台 4	4	MOH	— —　— — —　• • • •
隐蔽台 5	5	MO5	— —　— — —　• • • • •
终点信标	0	MO	— —　— — —

速度为每分钟 15 组(相当于 45～75 字符)。

⑥设置参数:可按需要设置发射信号的周期、顺序,以及发射机"标识"。

周期 1:表示连续拍发。

周期 2:表示发 1 分钟停 1 分钟的方式循环发信。

周期 3:表示发 1 分钟停 2 分钟的方式循环发信。

周期 4:表示发 1 分钟停 3 分钟的方式循环发信。

周期 5:表示发 1 分钟停 4 分钟的方式循环发信。

⑦天线发射形式:垂直极化。

⑧电源:直流 12V(12V/4AH 免维护蓄电池)。

⑨体积:95mm×105mm×135mm。

（2）使用方法

①电池安装:将发射机左右两个侧面的 6 个螺丝拧下,取下面板,将机内电源线插头按线红正黑负的标识和 12V/4AH 免维护蓄电池连接牢靠(注意电源线正负不可接反),把蓄电池装入机内,再装好面板。

②天线、地线安装：将随机所附的天线(棕色)尽量伸展开来，利用天线顶端钩子垂直挂在树上或其他物体上，另一端接线端子牢靠拧紧在天线螺柱上；将随机所附的地线(黑色)接线端子拧紧在地线螺柱上，另一端尽量伸展开来放置于地面。地线的作用是提高调谐的稳定性和发射功率。

③开机：天线、地线安装完毕，将"电源"开关扳向上方，机内时钟即被启动，整机按照上一次设置过的参数进入工作状态。

(a)如发射机的周期参数被设置为1(连续发射方式)，键控电路将连续工作。左、中数码管灭，右数码管随电码符号闪亮，显示当前标识代号。

(b)如发射机周期参数被设置为2或更大(非连续发射方式)。键控电路将在发射顺序参数指定的一分钟内工作，左数码管灭，右数码管随键控闪亮，显示当前标识代号。在其余时间内，键控电路暂止并等待，左数码管慢闪，显示剩余等待分钟(倒计时，分钟取整)，右数码管亮，显示当前发射机标识代号；等待时间结束后，键控电路开始工作，左数码管灭，右数码管显示当前标识号，随电码符号闪亮。

④参数设置：开机后任何时候按"功能"按钮3秒以上，都会进入周期设置。

(a)周期设置：左数码管后的小数点快闪(亮0.5秒、灭0.5秒)，左数码管亮，显示以前顺序参数。右数码管快闪，显示以前周期参数。每按一次"设置"按钮，周期按1—2—3—4—5循环步进一次。周期号1~5分别表示1~5分钟循环。周期号为1时，表示键控电路连续工作。按一次"功能"按钮即进入顺序设置。

(b)顺序设置：左数码管后的小数点快闪，左数码管快闪，显示以前顺序参数。右数码管亮，显示当前周期参数。每按一次"设置"按钮，顺序参数按1—2—3—4—5循环步进一次。顺序参数1~5分别表示键控电路将在每个信号周期的第1~5分钟工作。顺序参数会自动被限制为不大于周期参数。按一次"功能"按钮即进入发射机标识设置。

(c)标识设置：左数码管后的小数点快闪，左数码管灭右数码管快闪，显示以前发射机标识代号。每按一次"设置"按钮，标识代号按1—2—3—4—5—0循环步进一次。按一次"功能"按钮即回到工作状态。

⑤多部发射机的同步：将同步线插入"外同步"插座。按下"同步"按钮，所有发射机的信号周期即在按下瞬间被重新启动。为防止接触不良引起同步不准确，下一次同步应至少经过5秒钟进行才有效。

⑥射频电路工作：在射频开关向上闭合后，发射机在键控电路开始工作时发射射频信号，射频指示灯按电码闪烁；发射机"标识"代号"1~5"发射频率是3550kHz，"标识"代号"0"的发射频率是3600kHz。

⑦天线电路调谐：工作参数设置完成后，在射频电路工作中，向上打开"调谐"开关，并立即旋转调谐旋钮，停在"调谐指示"最大处，向下关闭"调谐"开关，发射机正常工作。

⑧状态检查：在发射机工作的任何时刻，按一次"设置"，显示部分即进入电源电压检

查状态,右数码管后小数点快闪,电压 10V 以上,两数码管显示电源电压的整数部分,10V 以下,两数码管及中间点以 1/10V 的精度显示电压。再按一次"设置"按钮,左、右数码管分别显示周期参数和发射顺序参数。再按一次"设置"按钮,左数码管灭,右数码管显示标识代号。在每一步检查中如果 20 秒钟未按键,显示自动复原到工作显示。检查过程不会改变任何参数、内部时钟和键控电路的状态。

⑨使用完毕,及时关闭发射机电源开关和射频开关,将发射天线和地线拆卸下来,把所有物件妥善装入机器包。

⑩电源接口:可通过此接口给发射机内免维护蓄电池充电,也可作外接电源使用。

2. BX-2 信号源(发射机)简介

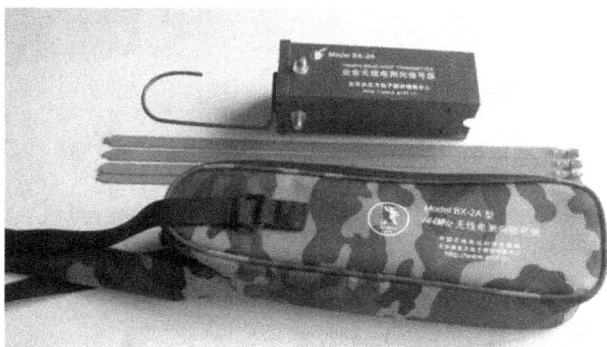

图 2-4-6　BX-2 信号源(发射机)

BX-2 信号源(发射机)用于标准距离 2 米波段无线电测向运动(见图 2-4-6)。分为隐蔽台(1~5 号)(工作频率为 144.5MHz)和信标台(工作频率 144.8MHz)两种,载波发射功率 4W,电码键控音频副载频脉冲调制,外接电源 DC12V,使用正交偶极旋转场天线。BX-2 型 2 米波段(144MHz 频段)测向信号源是按照国际业余无线电联盟无线电测向世界锦标赛规则和我国无线电测向锦标赛规则的要求而研制的,是一种固定频率、拍发固定电码的专用无线电发信机。根据工作频率的不同,分为隐蔽(1~5 号)台及终点信标(0 号)台两种。携带方便,使用简单。

(1)主要性能指标

①工作频率:隐藏台(1~5 号)在 144.500MHz;终点信标台(0 号)在 144.750MHz。

②发射方式:电码键控音频副载波调幅(A2A),调制度 100%,副载波为 1.024kHz 方波,相当于脉冲调制。

③载波发射功率:4W(PEP),50Ω 负载时。

④频率稳定度:不小于 50×10^{-6}。

⑤电码格式:速度为每分钟 75 标准字符(15WPM)。

1 号台:MOE(ー ー　ー ー ー　・)

2 号台:MOI(ー ー　ー ー ー　・・)

3 号台:MOS(ー ー　ー ー ー　・・・)

4 号台:MOH(ー ー　ー ー ー　・・・・)

5 号台:MO5(ー ー　ー ー ー　・・・・・)

0 号台:MO （ー ー　ー ー ー）

⑥时控方式:可选择,分连续、先发、正常。

连续:连续拍发所选电码。

先发:开机后立即开始拍发。按拍发 1 分钟,休止 4 分钟的周期反复循环。

正常:拍发时刻由所选台号确定。如设置 1 号台开机,1 号立即开始拍发,2 号台第 2 分钟后开始拍发,3 号台第 3 分钟开始拍发,依此类推。各台均按拍发 1 分钟,休止 4 分钟的周期反复循环。

注意:选 0 号台时,自动设为连续拍发。

⑦天线形式:正交偶极,水平圆极化。

⑧电源:直流 12～13.8V。电池应放置在机器包的下半部(可选配 12V/4AH 免维护蓄电池)。

(2)使用方法

①从机器包和天线袋内取出主机和天线振子。

②确认主机底部面板上的红色电源"开关"处于抬起状态。

③根据需要设置面板上的台号及时控方式选择开关。

④将主机顶端的挂钩向上翻起呈直立状,并将挂钩臂朝向机器包外侧。

⑤将四根天线振子分别通过机器包四侧相应的孔,拧在主机上部四侧的螺柱上。

⑥按下面板上的红色电源"开关",此时面板上的绿色发光二极管应闪烁发光。

⑦利用挂钩将整个信号源挂在树枝上等适当的支持物上;并使天线振子基本与地平面平行,信号源开始工作。

⑧使用完毕,关闭电源"开关",拔下电源线,将所有物件恢复原状。

(3)注意事项

①整机应避免雨淋或受潮,炎热气候下使用时避免阳光直射。

②注意电源正负极不可接反。

③周围环境对发射效率有重大影响,设台时尽量选择不被高大建筑物、铁塔电杆、潮湿树木等能强烈吸收、反射电波的物体所屏蔽的地方,天线振子尽量远离金属物及潮湿物体,悬挂高度越高,发射距离越远。

④使用完毕应及时关机。

四、测向中隐蔽电台的设置

1. 位置选择注意事项

(1)要符合竞赛规则,避免危及人身安全。陡岩、深沟的边沿、河或湖的边沿等不要设台;在山区、林区设台,应先向当地群众了解有无猛禽、猛兽及毒蛇;阴雨天或雨后设台,尽量不设在山顶和陡坡上。

(2)设台要避免妨碍人民的生产和生活,不得损害群众利益。要尽量避免在果园、庄稼地里设台。在居民区设台应事先征得同意。

(3)台位选择应有利于电波的辐射。一般不在洞穴中和潮湿的低洼地设台;在这些地方,对电磁波的吸收衰减严重,将使该台电波有效服务范围大大缩小。

(4)隐蔽台周围应该有较多的遮蔽物,像树木、草丛等。遮蔽效果除应能藏电台外,还应有电台操作员的藏身处,免得有运动员到达该台时,相隔很远的人都能看到。

(5)要避免把电台设在只有唯一进出口的通道深部,免得"走回头路",使进出运动员相遇。例如将电台设在狭长谷地的深部时,找到该台的运动员必须顺原路返回到入口,而进入峡谷奔向电台的运动员很容易发现前面的运动员是从什么位置离开隐蔽电台的,拣到"便宜",造成干扰,增加了偶然性。

(6)尽量避免在桥梁少的大河附近,以及在墙高门少的大面积园林区紧靠墙边等地藏台。因为在桥梁少的大河附近藏台,难于选择走哪一侧的堤岸;在墙高门少的大面积园林区藏台,把台藏得紧靠墙边,测向时很难决定该进园还是在外边跑……在类似的地方藏台,容易发生使人迷糊的错误,事后又难以纠正,因而应该避免。

2. 隐蔽电台设置对竞赛难度的影响

隐蔽电台设置简称"布台"。在同一竞赛场地内,可以设计出许多电台设置方案,构成不同难度的竞赛。竞赛难度对运动成绩具有直接的、相当明显的影响。以具有 2～3 年训练经历的运动员完成 5 公里距离(由起点到首找台再依次到达各台合理的直线距离)竞赛为例,当难度较低时,需要 35～80 分钟,而当难度很高时,则需要 60～120 分钟。构成竞赛难度的因素有气候、道路、地形、电台设置等。其中,电台设置是最重要、最富有灵活性的因素。不仅可以通过距离(总距离、台间距)和找台顺序调节电台分布的自身难度,还可以通过台位选择、运动员主要通行路线的设计,使赛区的道路、地形难度在竞赛中得到不同程度的体现。

(1)电台间距离

台间距离主要影响到位率。实践证明多数运动员在找 1000 米左右距离的电台时,感觉很好,到位率高。台距短于 800 米时,容易跑过头,而且还难于计划自己在途中跑应用的时间;台距长于 1500 米时,容易过早停留等信号。同 1000 米的习惯台距偏离越远,难度就越大。例如总距离 6 公里布 4 个台,如果是 1.5 公里左右一个,找起来比较容易到位,而如果布置成 800 米—600 米—400 米—600 米,将给运动员到位带来很大困难。

（2）找台顺序

隐蔽电台不同分布可以形成找台顺序难度的四个等级。从易到难分别是：

①在起点不仅可以正确确定首找台,并且可以一次性确定全部找台顺序。例如大角度布台而末号台明显偏于一侧,环形布台等。

②在起点可以正确确定首找台,但暂不能肯定找其余各台的合理顺序。例如在图 2-4-7 所示情况下,可以确定 4 号台为首找台,但接下去是先找 3 号台还是先找 1 号台,须待途中进一步判断。

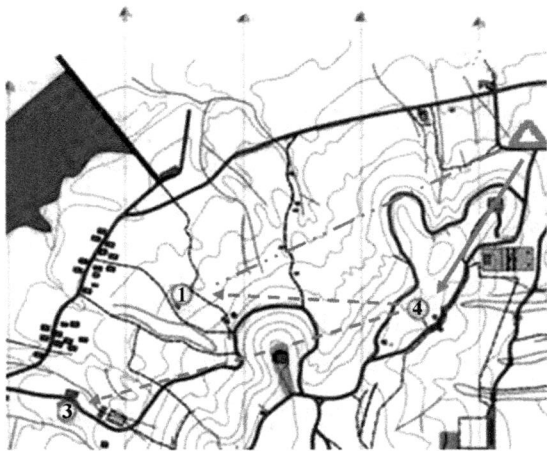

图 2-4-7　确定 4 号为首找台,再确定 1 号和 3 号的顺序

③在起点既无法确定首找台,又无法确定找台顺序,但尚可知离开起点后的大体前进方向,如图 2-4-8 所示情况。

④首找台、找台顺序均无法确定,又难于选择合理的前进路线。例如,运动员在起点可以测得电台分布属大角度布台,末号台方向线居中。按理,运动员应当先沿末号台方向运动,再在途中判断首找台在左侧还是在右侧。但是,地形条件不允许这样做,于是运动员只好凭猜测向一测试探前进:发现猜错,再沿原路返回。

（3）赛区地貌

在竞赛区域内,地表起伏越多,高程差越大,运动员完成竞赛所耗费的体力越多,运动速度也越慢。

（4）隐蔽电台所处位置的高度

台位与赛区地表平均高度差距越大,难度越高。在一场竞赛中,如果全部电台部分设在山和谷、沟底部,运动员在到位之后花在近台区测向上的时间就要增加许多。

图 2-4-8　无法确定首找台和无法确定找台顺序时可离开起点

（5）道路通行的难易程度

道路通行的难易程度影响途中技术，道路通行越畅通，难度越小。

（6）赛区中地物对视线的遮挡程度

遮挡物多、视线不良，为采取交叉、无信号找台、方位物选取、按方位物行进带来困难，但也有益于减少运动员互相间的干扰。电台附近遮挡程度影响近台区难度。道路遮挡程度影响途中测向难度。

3.隐蔽电台的设置原则

隐蔽电台的设置是竞赛组织工作和综合外场训练的重要内容。具体实施时要注意以下方面。

（1）要符合竞赛规则。

（2）所构成的难度要同运动员的技术水平和年龄特征相适应。在训练中难度过低，运动员体会少、收获小、训练效果差；难度过高，运动员难以完成，也会产生消极影响。例如，在初期训练中电台隐蔽难度过高，运动员会在近台区聚堆，造成干扰。

（3）运动量安排要适当。

（4）找台路线的设计应力求避免运动员之间的互相干扰、影响，要尽量减少运动员在途中相遇的机会。

（5）要尽可能减少找到电台和选准道路的偶然性，力求通过竞赛和训练反映运动员的实际水平。

第三章　无线电测向运动基本技术及运用

无线电测向运动对参加者的运动素质的要求无疑是很高的。以往曾有人以为,只要运动素质发展全面,体力充沛,跑得快,便可以成为优秀的测向运动员。近几年,随着竞赛规则的修改,测向技术及相关理论的发展,特别是通过对历年优秀运动员的观察和统计结果的分析发现,运动素质是运动和发挥技术、提高运动成绩的基础,测向技术水平才是创造优异成绩的关键。

图 3-0-1　无线电测向途中场景

无线电测向技术如果以竞赛过程的先后来分的话,可以分为以下三项。

(1)起点测向。包括起点前技术、起点测向、离开起点三部分。

(2)途中测向。包括首找台及找台顺序的确定、到位技术、途中跑及道路选择三部分。

(3)近台区测向。近台区测向包含内容较多,许多基本技术和单项技术都可能在近台区得到综合运用。主要的有沿方向线跟踪、交叉定点、比音量、无信号找台、搜索等。

另外,还有一些如指北针和地图使用,体力分配,复杂条件下对干扰、反射等特殊情况的处理等技术内容。

无线电测向技术如果以从易到难、先单项后综合的顺序划分,可以分为以下内容。

(1)使用和掌握测向机。包括持机方法、收测电台信号技术的练习及掌握测向机性能。收测电台信号技术包括信号的辨认、调谐和抗干扰接收、测出电台方向线的步骤等。

掌握测向机性能包括学会使用增益旋钮和衰减开关、了解测向机一般检查和简单故障的应急处理方法。

（2）基本技术。包括测向技术、地图和指北针的使用以及越野技术。测向技术的内容有原地和移动中测记电台方向线；参照实地方位物按方向线前进；利用测向机的音量、指向、强度变化等判断关键距离（如近台区、一轮信号奔跑距离）和电台设置位置（如高低）；近台区技术（方向跟踪、交叉定点、比音量、无信号找台、搜索）；测向点的选择；识别和排除环境等因素对方向的影响。地图与指北针的使用包括地图的识读、分析、记背以及现地对照；指北针的安装、使用及利用指北针按方向线行进；标绘电台方向线和地图上的远距离交叉。越野技术包括越野奔跑技术和体力分配，以及选择道路的基本原则。

（3）专项技术。包括确定首找台和找台顺序、到位技术、近台区测向和识图越野。

（4）综合技术。包括综合运用各种技术的能力、体力和竞技状态的调整和心理控制及心理训练。

无线电测向练习中通常分解成若干个单元，分别进行练习并达到一定要求后，再综合起来。其好处是要求明确、针对性强，易于总结提高和及时发现问题。只有通过对基本技术、基本动作反复、长期、系统地进行练习，打好基础才能熟练地综合运用，提高无线电测向能力。

第一节　无线电测向运动的初级技术

一、测向机的使用

1.持机方法

掌握正确的持机方法、养成良好的习惯，是及时捕捉电台信号、提高测向速度和精度的必要条件。

（1）80米波段测向机持机方法

目前，国内使用较多的是直立式测向机，其正确持机方法如图3-1-1所示：右手握机，大拇指靠近"单、双向开关"，其他四指握向测向机，手背一面是大音面；松肩、垂肘，测向机举至胸前，距人体约25厘米左右，尽量保持测向机与地面垂直。调整测向机时，用左手调整各旋钮（单、双向开关由右手大拇指控制）。测单向时，为了测线准确，找准方位物，允许将持机臂伸直，将测向机抬高与眼平，进行"瞄准"。

（2）2米波段测向机持机方法

2米波段标准距离测向采用水平极化波（短距离测向采用垂直极化波）及测向时多用单向大音面的特点，通常为右手持机，左手调整旋钮和开关；将测向机举至胸前，并使天

图 3-1-1 80 米波段测向机持机图

线所在平面与地面保持平行,引向器始终处于前方,以便准确观察电台方向线,当信号弱或收不到信号时,可将测向机举过头顶,具体持机方法见图 3-1-2、图 3-1-3。短距离测向与标准距离测向的区别参阅第一章第二节内容。

图 3-1-2 2 米波段短距离测向机持机图

图 3-1-3 2 米波段标准距离测向机持机图

2. 测向机旋钮、开关的功能

(1)频率旋钮:用来寻找需要收测电台的信号,要求被收测信号的音调清晰、悦耳而其他电台信号尽可能小,减小其干扰。

(2)音量旋钮:用来控制音量大小。此旋钮在快速接近电台的途中,随着信号强度的不断增加,需要经常旋动,每次旋转时,应放置在音量适中并略微偏小的位置,以获得较好的方向性。

(3)单向开关:用来判断电台的方位。当需要判断单向时,按下此开关,将直立天线接入电路,其输出电势与磁性天线所感应的电势复合,产生心脏形方向图,这就克服了磁性天线的双值性。当松开此开关,自动切断直立天线,测向机保持"8"字形方向图。

(4)电源开关:短距离用的 PJ-80 型测向机没有设电源开关,插入耳机即接通电源,拔出即断开电源(见图 3-1-4)。

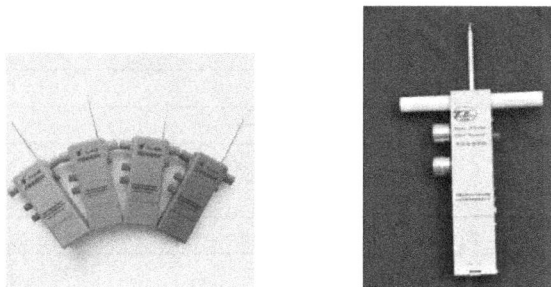

PJ-80 型测向机(短距离)　　RF-80 型测向机(标准距离)

图 3-1-4

二、掌握测向机的性能

1.收听信号与电台呼号的辨认

无线电测向所用隐蔽电台,都有自己的编号和呼号,各台工作时,分别用摩尔斯电码定时拍发本台的呼号(见表 3-1-1)。

表 3-1-1　隐蔽电台标识代码

标识代码	字　符	短距离	
		80 米波段信息特征	2 米波段信息特征
1 号台	MOE	— — — — — •	• — — — — —
2 号台	MOI	— — — — — • •	• • — — — —
3 号台	MOS	— — — — — • • •	• • • — — —
4 号台	MOH	— — — — — • • • •	• • • • — —
5 号台	MO5	— — — — — • • • • •	• • • • • —
6 号台	6	— • • • • •	— • • • • •
7 号台	7	— — • • •	— — • • •
8 号台	8	— — — • •	— — — • •
9 号台	9	— — — — •	— — — — •
0 号台	0	— — — — —	— — — — —
信号台	MO	— — — —	— — — —

续表

标识代码	字　符	长距离（标准距离）
		80 米/2 米波段信息特征
1 号台	MOE	— — — — — •
2 号台	MOI	— — — — — • •
3 号台	MOS	— — — — — • • •
4 号台	MOH	— — — — — • • • •
5 号台	MO5	— — — — — • • • • •
6 号台	6	
7 号台	7	
8 号台	8	
9 号台	9	
0 号台	0	
信号台	MO	— — — — —

电台的拍发速度均为每分钟 25～80 字符。判断电台台号时，要注意分辨长音、短音出现的先后顺序和长、短音的数目。电台发信时，重复循环各自的电码符号。在语言中，通常用"达"表示长音，用"的"表示短音。以 1 号台 MOE 为例，叫作拍发"达达、达达达、的"。

使用 80 米波段测向机来收听信号的过程是：将耳机插入插孔中，头戴耳机；将"音量"旋钮调至最大位（此时耳机内有较大的沙沙声）。然后缓慢调整"调谐"旋钮，注意收听电台信号。当突然听到某一异样声音时，将"调谐"旋钮更缓慢地左右细调，直到声音最大、最清晰为止，还要仔细辨听该信号是不是被测电台信号；如果不是被测电台的信号，要继续调谐。如果电台信号很弱或收不到时，可拉出直立天线，将测向机举过头顶或转移到较高的地方，并按下"单向"按钮，边转动测向机，边调整"调谐"旋钮，继续收听，以便尽快捕捉到电台信号。

使用 2 米波段测向机来收听信号的基本方法与 80 米波段测向机相类似。所不同的是，因 2 米波段测向机天线方向图主瓣较尖锐，远距离收听时，在相当大的角度内难以收到信号，故必须在 360°范围内不停地移动测向天线。另外，因 2 米波段的电波绕射能力差，收听信号的位置选择比 80 米波段要求高，应当尽量选择障碍物少的空旷地带和高地。

调收电台信号练习方法：(1)教师利用 5～8 台不同频率的信号源进行练习，按事先计划的电台顺序轮流发信，学生按收听到的先后顺序将呼号频率记录备查，与教师拍发的电台顺序核对，每部电台工作时间由 20 秒减至 8 秒。(2)教师将数部电台按一定时间间隔叠加连续发信，学生按顺序收听电台，并记录台号，与教师拍发电台顺序核对，总发信时间由 40 秒减至 15 秒。(3)以上两种练习方法也可逐步缩短天线长度或加大收发距离,使信号由强变弱,增大收听电台信号的难度。

2.测向机增益控制装置的使用

测向机的增益控制装置分别是"音量"旋钮和"远、近程"开关(短距离测向机只有"音量"旋钮;标准距离测向机才有"远、近程"开关)。因此,在短距离测向中,"音量"旋钮采用连续调整方式,利用电位器控制测向机中频放大器的放大量,进而控制音量,逐渐地、连续地平滑变化。

3.熟悉测向机的方向特性

(1)测向机在某一测向点具有的方向特性

80米波段测向机的双向和单向性能:指向有无误差;双向的两个小音面是否对称;单向是否明显易辨等。2米波段测向机的单向性能:天线方向图的主瓣是否尖锐;主、后瓣的大小比例等。根据这些性能,是确定测定电台方向线的基本方法。

(2)测向机处在电台不同距离上的方向特性

对于80米波段测向机,应通过反复实验,在标准距离测向中,掌握远距离(1000米左右)、中距离(500米左右)、近台区(200米左右)及极近距离(指与隐蔽电台可保持方向性的最短距离)的方向性;在短距离测向中,掌握200米以内的方向性;还应确定不同距离上直立天线应拉出多长单向较好等(方法是在不同距离上,边伸缩直立天线的长短,边分辨单向的好坏,反复多次,直到使测向机的单向大音面面对电台时,双向小音点声音最小或无声。此时的直立天线高度,即为在该距离上的最佳高度);还须熟悉最佳方向时的机器状态:例如80米波段测向机直立天线全部缩进或部分拉出时对磁性天线方向性的影响等。短距离测向时,则因隐蔽电台设小点标或不设点标,隐蔽难度较高,而对于极近处的方向体会就更具实际意义。

三、收测电台方向线

1.80米波段测向

80米波段测向机有测单向和测双向两种方法。在实际测向中,必须两种方法配合使用,才能获得满意的效果。按使用单、双向的步骤不同,可分为单向—双向法和双向—单向法两种。

单向—双向法:按前述"持机方法"持机,手背向前(这时测向机的大音面朝前),调整频率调谐旋钮,收听到电台信号后,用右手大拇指按下"单向"开关(此时直立天线接入电路),人体垂直转体360°。当耳机声音最大时,测向机单向大音面所在的方向即为电台方向。这个过程叫作测单向,又叫"定边",即定出电台在哪边。从单向心脏形方向图可知,单向大音面为一个较大的扇面,难以准确地定出方向线。因此,在定边后,大拇指要松开"单向"开关(即断开直立天线),并将直立天线收进机内,手腕转动90°,用磁性天线的小音点(即磁棒轴线)对着单向所指的电台方向,扇形转动手臂,当耳机声音最小(或无声)

时,磁棒轴线所指的方向,即为电台方向线,这个过程叫作测双向,又叫作测线。上述方法操作简便,并且使用单向时灵敏度较高,有利于远距离弱信号的接收,起点测向多采用单向—双向法(见图3-1-5、图3-1-6)。

图 3-1-5　80 米波段测单向

图 3-1-6　80 米波段测双向

双向—单向法:收听到电台信号后,先用前述双向法,测出电台所处的一条直线。然后右手大拇指按下"单向"开关(加入直立天线)并转动测向机90°,用单向大音面对准测出的直线,听一下声音大小,再迅速将测向机转动180°(扭动手腕,使大音面由原来的向外变为向里)。注意保持直立天线与地面垂直,反复比较两面的声音大小。声音大时,单向大音面所在的那条射线即为电台的方向线。可见这种方法是先测出一条方向线,再定出电台在这条线的哪一边,即先测线,再定边(见图3-1-7)。

图 3-1-7　无线电测向途中场景

另外,80米波段测向机的直立天线,目前多采用拉杆天线,其高度可以调整。实践证明,在测单向时,随着与电台的距离的缩短,特别是到了近台区,直立天线的高度要相应地降低,才能获得较理想的心脏形方向图。为此,练习者应分别在距电台200米以外和200米以内的不同距离上,边调整直立天线的高度,边分辨单向的好坏,反复试验,熟悉自己的机器在不同距离上的声音大小可提高单向鉴别的速度和精度。

2.2 米波段测向

对2米波段测向机来说,有如下两种测向方法。

单向法(也叫主瓣一次测向法):收到电台信号后,转动天线360°,依靠尖锐的主瓣方向图即可明确地测出电台方向线。假如有时主瓣、后瓣难以分清(两个方向上声音大小差不多),可将"音量"关小,测向机举高,在主、后瓣两个方向度反复对比,对比两边的音量大小,防止测反方向。这种方法操作简便,但对方向图的主瓣尖锐程度要求较高,多用于三元八木天线。

单向—双向法:这种方法多用于主瓣不够尖锐的二元八木天线或要求方向线很准确的近距离测向中。2米波段标准距离测向,在被测电台发信后,首先按八木天线的一般使用方法,使各振子所在平面与地面平行,用前述单向法测出电台的大致方向;然后,把天线立起来使用,使反射器(或引向器)在有源振子的上方或下方,而失去反射(或引向)的作用。此时只有有源振子起作用,天线的方向图是单个有源振子的"8"字形方向图。这种类似于磁性天线的方向图,小音点的信号强度变化率大,方向性非常明显,而且小音点测向时,可利用振子的指向进行瞄准,提高了测向准确性。这种单、双向配合使用的方法与80米波段测向方法相似,可按测向机的性能和使用者的习惯灵活运用(见图3-1-8、图3-1-9)。

图 3-1-8 2米波段标准距离测单向

图 3-1-9 2米波段标准距离测双向

2米波段短距离测向和标准距离测向基本相同,只是在天线的使用方法上相反。短距离测向是使各振子所在平面与地面垂直,测出电台的大致方向;然后,再把天线平行起来,采用小音点测向。

3.收测电台方向线练习方法

(1)在空旷平坦的场地上,设发射机1部,连续发信。学生在距电台50~100米处,原地闭目转圈后测定方向线,然后睁眼检验。

(2)场地及电台工作方式同上,学生蒙眼按教师指定的电台测出方向线后,边测向边前进,为避免互相碰撞,学生在不同方向分批出发,并在电台安排一名学生,防止踩踏电台、碰坏发信天线。

(3)场地同上。学生数人在场地中央蒙眼站立准备测向。在周围设同频率发射机数部,均有学生掌握开机。按教师指示某台开机后,工作1分钟(视学生熟练程度也可缩短为15秒至30秒),学生测准方向线。

(4)场地同上。学生分为数组,蒙眼在出发线列队等候,每组前方20~50米上各设一部电台,以不同频率连续发信,规定每组收测台号,当教师发出“出发”口令后,每组第一名学生开机,边测边向电台方向前进,到达电台后,由教师示意返回,该学生不蒙眼跑回出发线,拍打本组下一名蒙眼队员开机出发,依次进行。

(5)校园空旷的草坪周围设3~5部不同频率电台连续发信,学生在规定时间内测出各部电台的方向线。

(6)单台计时。电台台号任选,低(短)天线架设,距离百米左右。学生可各自收测电台信号或分组计时练习,按步骤准确、迅速地测出电台方向线和纸上标出方位角,并相互检查核对。

(7)多台计时。在百米左右的不同方向上,设置不同频率、连发、低(短)天线架设数部电台。每组测准1台单双向得2分,只测准双向得1分。全体测完后进行评比、小结,然后移动发射机位置再重复练习。

四、方向跟踪

沿测向机指示的电台方向,边跑边测,直接接近并找到电台的方法称方向跟踪。由于80米波段测向机双向小音点方向线清晰准确,而且短距离测向竞赛的信号源处于连续发信状态,因此跟踪时多使用此方向线。方向跟踪选择在地形简单、障碍物较少、无明显方位物、电台处于连续发信的情况下运用。

1.直接跟踪

在近台区收到电台信号时,利用测向机双向小音点测出电台方向线,在地形简单、障碍较少的情况下,方向跟踪时可快速奔跑,并在跑动中左右摆动测向机,不停地校正方向(注意随时调小音量),直至接近电台(见图3-1-10)。

直接跟踪时应注意:

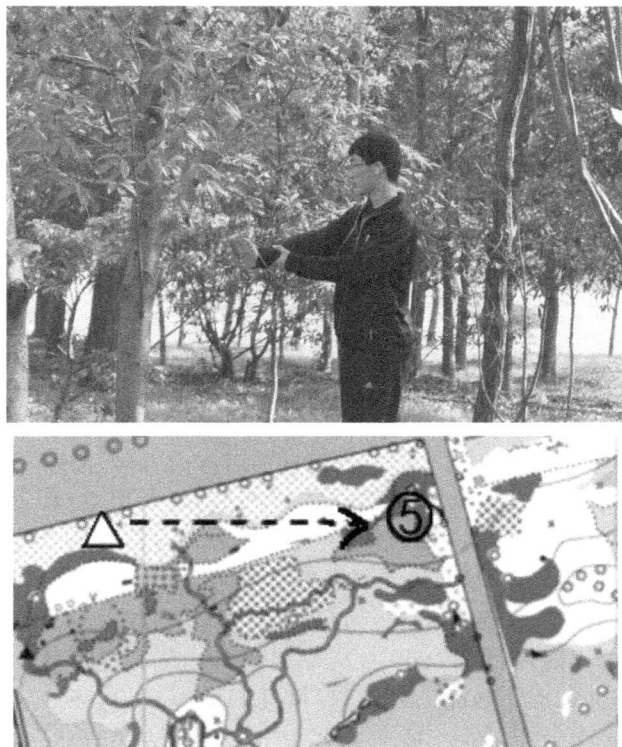

图 3-1-10　直接跟踪

(1)避免从电台附近越过而未被觉察,造成反方向跟踪。方向跟踪时,容易出现从电台附近越过而并未觉察的情况,这时运动员虽已跑过电台,但由于测向机磁性天线指示的方向线变化不大而未能及时发现,造成反方向跟踪,越跑越远,直至耳机中音量明显减弱时才会发觉。解决方法是多测几次单向,注意判断大音面是否转向后面,如果发现大音面转向后方则说明已跑过了,应在确定不是误判后折回寻找。

(2)宁跑勿走,宁过勿欠,这是迅速跟踪到位的最基本要求,切忌尚未到位就进行搜索,耽误时间。

2.弧形跟踪

在接近电台(约距电台几十米)音量剧增有可能接近藏台区域时,不直接冲向电台,而是顺势从电台或可疑区域的侧面迂回、包抄,同时不停地用交叉定位,在确实验证电台位置后,再去接近或搜索电台,这样不会造成反方向跟踪。弧形跟踪需注意斜向插出点的选择,插出过晚,近似于直接跟踪,插出过早,又难以形成交叉(见图3-1-11)。

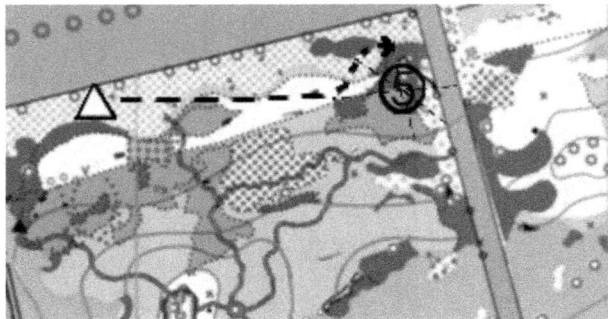

图 3-1-11　弧形跟踪

3.方向跟踪练习方法

（1）单人单台跟踪

校园内（初学者，可选在较平坦、植被不太密的地方；已学者，可选地势起伏、植被较稠密的地方）设单台（标准距离台每次工作一分钟间隔发射信号）。学生在距电台约 50～100 米处单个出发，每次出发 1 人（其余学生在看不到出发学生的地方等候），要求带信号快速跟踪奔向电台，有效时间约为 3 分钟。找到电台打卡或盖章后迅速返回起点，找不到也应在规定时间内返回，以免影响下一名学生出发。进行完一轮后，电台可移位或逐步把距离拉长，重新进行。为提高训练效率，可在起点四周设 2～5 个隐蔽电台，仍要求每名学生在规定时间内只找一台。返回起点再听从教师安排寻找下一台。最后以在规定时间内的找台数和使用时间来评定成绩。

图 3-1-12　测向运动场景图

（2）单人多台跟踪

在校园树木茂盛处设置 4～5 部电台，同频率循环工作，台距视学生水平而定，以带信号跟踪可达到的距离为宜。每次出发 1 人,其余学生在看不到出发学生的地方等候。出发学生按规定顺序找台,5 分钟后必须返回起点,另一名学生出发(见图 3-1-12)。看学生在短时间内,能找到几个台以及需用多长时间可找完全台。重复寻找电台,提高学生电台方向跟踪能力。

五、交叉定点

在不同的测向点测出两条或两条以上方向线,依靠方向线的交点确定电台位置的方法,称交叉定点。具体方法如图 3-1-13 所示。参与者在 A 点测出一条方向线,观察并记住线上的参照物,沿图示方向跑至 B 点,用双向(无须测单向)测出另一条方向线,两条方向线交点为电台位置。

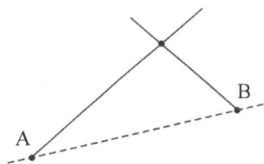

图 3-1-13　交叉定点

1.交叉定点方法

为减少交叉定点误差,应尽可能多跑几个点,实现多点交叉。

(1)图上交叉定点

图上交叉定点是主要用在标准距离测向中,对未找台在地图上的标线交叉定点。可利用其确定台序和明确位置。进行图上交叉定点必须具备的条件是明确站立点(指选手在地图上的相应位置要明确)、良好的方向线、适当的角度及正确的标线技能。

(2)空间交叉定点

空间交叉定点是指在空间(依靠)记忆完成的方向线的交叉定点。目标在可视范围内获得可视或可确定的具体台位。其技术关键:提高移动测向中记忆方向线的能力和空间交叉的能力;方向线交叉的角度大于 30°(90°时误差最小)。

2.交叉定点注意事项

(1)测向点的选择

避开对电台方向线可能产生影响的地区或地物,如电线、建筑物等;尽量靠近原测定的方向线或交叉点;避开障碍物,尽可能选择便于快速奔跑的道路;靠近并能迅速确定藏电台可疑区;选择视线开阔、便于奔跑、利于获得良好方向的较高地势。

(2)行进路线的选择原则

行进路线应利于接近电台又便于交叉定点;利于迅速确定电台所在的区域;所测电

台方向线指向山上时,应沿方向线一侧的山边行进,有明确交点后或方向与山脚垂直时再上山;在山脊测向,只有当电台方向线与下坡方向一致,并有明确交点后再下山;在半山腰,则尽量沿等高线或道路行进;在草丛、树木稠密的林区,尽可能在所测电台方向与道路垂直时插入;若遇人工林,应在电台方向与林地走向一致再进入。

3.交叉定点练习方法

(1)隔墙定点

选远离电线的矮围墙一边,按标准要求架设1部电台,由操纵员控制发信时间,每次30秒至1分钟。学生分批在墙外10米左右的道路上跑动测线及交叉定点。电台发信中止后,操纵员将竹竿、旗子等标志物举过墙头以示电台位置,供学生对照验证。电台移位,重复进行。

(2)密林定点

选稠密矮树林一片,设隐蔽电台1台,要求发射天线的架设必须与地面垂直。学生利用林边道路进行交叉定点,先测得电台位置,然后找台验证,通过循序渐进教学方法提高学生交叉定点的技术。

六、比音量

在距电台很近时,利用测向机音量随距离变化大的特性确定电台位置的方法,称为比音量。比音量技术是在出现干扰,造成测向机指向模糊、混乱、无法正常使用方向跟踪等技术时使用的一种辅助方法。

比音量有两种方法。

1.扫音量

在距电台数米内,因信号强度猛增,无法分辨双向小音点时,将测向机直立天线抽出,按下单向开关,将持机手臂伸长向周围做弧形扫动,寻得音量最大的方向,并沿此方向边扫边前进,直至找到电台。

2.跑音量

在近台区出现严重干扰,无法测出方向线时才使用的一种方法。具体步骤是:将测向机音量调小,在可疑区反复奔跑(测向机不能摆动),找出音量突出处,再用"扫音量"方法,判定电台具体位置。

3.音量变化练习方法

设3台连续发信电台,学生距电台40～50米等不同段的距离,按所测方向接近电台,跑过电台10余米,体会音量旋钮应放的位置和音量变化与距离电台远近的关系,尤其是电台附近的音量变化。

第二节　无线电测向运动的中高级技术

无线电测向运动的中高级技术主要有起点测向、近台区测向、途中测向、标画电台方向线、提高识图和用图能力、测向影响识别与排除等，主要用于标准距离测向。

一、起点测向

1.起点前技术

运动员离开出发端线前采取的技术称为起点前技术，依时间先后划分为以下三个阶段。

（1）进入预备区前

正式竞赛中，运动员由赛区驻地出发前往竞赛场地的途中，一是在心理、精神上做必要的调整和准备，考虑如何在比赛中，发挥自己的最好水平，争取最好的成绩；二是留心观察沿途地物、地貌，了解当地的地形特点，以备竞赛过程中分析地图、选择道路时参考。

（2）预备区内

首先要仔细听取起点裁判宣布注意事项及有关规定，如本场竞赛的规定时间、对地形图的补充说明等。然后要将竞赛卡片用胶布粘贴在测向机上或者自备的贴地图用的硬纸板、塑料板上，这样不会丢失，也容易在找到电台后作印。要把测向机、耳机等器材一一整理好，并把测向机妥善存入指定的"测向机存放处"。如果天气阴沉，还应做好防雨准备，用透明胶带封堵测向机壳上的缝隙，并套上防雨用的塑料套。在出发前30～45分钟，开始做准备活动，然后换装、检查号码布和鞋带，准备进入出发区。

（3）进入出发区

进入出发区前，运动员便可以领到竞赛地图，并有大约5分钟的看图时间。这时应先标定地图，把地图上标定的北方同实地方向一致起来，再开始看图。起点看图的速度和效果因各人水平而异。最重要的是要查清由起点通向各方的道路，注意悬崖、河流等障碍，免得离开起点便选错道路或受阻。其次，要根据比例尺，估算出起点到地图边缘及明显地物（最高的山峰，主要道路交会点、水库等）的距离，以利下一步测出各台方向线后推断首找台的位置，选择奔跑路线。

听到进入出发区口令后，运动员应有意识地控制自己的情绪，多想些与发挥技术有关的事，不去计较胜负。也可以做轻微跳跃、深呼吸等，以缓和紧张心理，这时还应当迅速观察一下出发线前方的道路和环境。

2.起点测向

运动员离开起点终端线（跑道终端线）后，最初的测向称为起点测向。起点测向的特点是信号弱,待测信号多,需要了解的情况多,需要分析的问题多,心理比较紧张。起点测向的任务是测定各个电台的方向,并初步选定首找台(最终选定首找台需待途中完成)确定离开起点后的运动方向和路线。

在80米波段,起点测向多采用单向—双向方法。先将直立天线抽出,用单向接收信号,以提高接收微弱信号的能力。待收到信号,确定电台大致方向后,再用双向测定,以求精确。在2米波段,应先将测向机高举,因为在2米波段,高处的电磁波强度略高一些,待收到信号后,再仔细测定方向线。

运动员最先测听到的是末号台信号,然后以1号、2号……的顺序依次收测。每收测一个电台信号后,便要把该台的方向线及台号标绘在地图上。标出的方向线是一条以站立点为端点,引向电台所在方向的射线,这个过程叫作"标图"。

3.离开起点

运动员只有在越过出发端线时才允许使用测向机测听,为的是有足够时间测出末号方向线并标图。这样,测末号台多数是在出端线后不远的地方进行的。但运动员不应当在端线外滞留过久,最迟也要在下一轮5号台发信前30秒离开,以免被下一批出发的运动员发现,暴露了自己想首找台运动的意图,使自己的测听结果成了别人的有效参考资料。在起点测向时,要迅速选取一个不易受到环境干扰又较隐蔽的环境。也可以在测定了一两条方向线之后便向初步选定的方向移动。在多数情况下,运动员应当测完全部电台的方向线之后再离开起点,转入途中测向。为节省一两分钟的时间,在刚刚听到两三个台的信号而并没有把握之前,盲目离开起点过远是不足取的,对于初学者尤其如此。

4.起点特殊情况的处理

在起点会遇到一些特殊情况。处理方法如下。

(1)起点信号微弱无法确定方向或收不到信号时,不要急躁,而应更仔细地收听、调谐,因为竞赛的组织者总是力求保证信号强度特别是末号台的强度供运动员测听的。开赛前,起点裁判长会用测向机实地监听,如果信号微弱,便通知该台进行调谐或调整电台位置。尽管如此,有时由于地形复杂,裁判长所处的测听位置或出发百米线端线附近确实可以听到,而在附近的其余位置信号强度却过低。在这种情况下,运动员由于时间紧迫和心情紧张,收听就要困难得多,于是便发生在起点收不到或收不全信号的情况。这时,运动员应当在附近选择较高的位置,并离开高大地物(高楼、山等),在80米波段测向时,还可以站在电线下,这些地方电磁波强度稍高一些,有利于寻找信号。在起点能听到一两个电台,便可参考地图,对电台分布做出初步推断,试探前进。在途中再注意测听另外几台,决定自己的行动方向。

(2)当起点在紧靠山脚时,容易造成测向机指向错误或方向性不良。运动员应迅速离开起点,选择有利于测向的位置,再进行起点测听和标图。

(3)有时,起点地势高,视线又比较开阔,有观察远方地物的有利条件。离开起点后地势便迅速下降,不仅不利于观察和标图,反而容易发生信号强度降低和方向线偏差的情况。在这种情况,运动员就应当很好地利用地势高的有利条件,精细测听以提高测向与标图精度,不要匆匆离开。

二、近台区测向

近台区指在电台一次发信中能够确定电台位置并找到它的距离范围(约 200 米以内)。在这一区域内测向,称近台区测向。它是测向运动实现最终目标——找到隐蔽电台的最后手段,在整个测向过程中占有非常重要的地位。因此要求:注意力高度集中;测向要准,动作要快;灵活运用各种近台区测向技术;思维敏捷,善于观察和分析周围的情况,并作出准确的判断。

1. 近台区测向的基本方法

(1)方向跟踪

方向跟踪又分小音点跟踪与大音面跟踪两种;80 米测向以小音点跟踪为主,2 米测向以大音面跟踪为主。方向跟踪多在地形简单、障碍较少、没有明显方位物,并估计在电台发信时间内能够到达电台的情况下使用。具体方法有两种。

①直接跟踪。当在近台区内收到电台信号时,用双向小音点(80 米测向)或单向大音面(2 米测向,开始测单向时,天线应转动一周,找出真正的主瓣,切不可误把后瓣当主瓣,向相反方向跟踪),测出电台方向线。沿方向线边快速奔跑,边摆动测向机,不停地校正方向(注意随时调小音量)直至接近电台。

采用直线跟踪,运动员不绕弯路,接近电台的速度快。但需要注意:

第一,直线跟踪时容易出现从电台附近越过而并未觉察的情况。避免的方法主要有:一是在跟踪过程中多几次单向,判断大音面是否已转向了后面;二是跟踪速度不要一味求快,以摆动测向机时不失去方向线为度。

第二,直线跟踪时,如果还未到达电台而该台发信中止,因没形成交叉,便难于确定电台距自己还有多远,给下一步的行动带来困难。因此一是要熟悉衰减开关的使用,以判断信号终止时距电台的大致距离;二是找准方位物,记清方向线,以便沿线搜索。

②弧形跟踪,又叫包抄验证跟踪。在接近电台,音量陡增或接近可能藏有电台的区域时,并不直接冲向电台,而是顺势从电台及可疑区域侧面迂回、包抄,并不停地用双向法交叉定位,在确实"验证"电台位置时再行接近和搜索。

显然,弧形跟踪接近电台的速度比直接跟踪慢。这种方法的好处是不会越过电台反方向跟踪。在跟踪过程中如果信号中止,有可能获得交叉点。这就为下一步的搜索带来了方便。弧形跟踪中要注意斜向插出点的选择。插出过晚,实质就是直接跟踪;插出过早,便很难形成交叉。

（2）交叉定点

当确定自己已处于近台区且被测电台正发信时，在不同的测向点测出两条或两条以上的方向线，依各方向线的交点确定电台位置的方法，叫交叉定点。

交叉定点的具体方法如图 3-2-1 所示。运动员在 A 点收到电台信号，迅速用双向—单向法测出一条方向线，记住这条线上前方的方位物。再沿该方向线的 30°左右角度跑至 B 点，用双向法（此时已无须测单向），转动测向机，测出另一条方向线。两条方向线的交点即为电台位置。因两条线的误差较大，定点的误差也大，切忌不要在电台停发信号前盲目进入点（或位）上搜索，以免一旦搜索不出而贻误时机。应继续沿 B 点方向线的 30°左右角度跑至 C 点，再到 D 点……总之，在电台未停发信号前，尽可能实现多点交叉。如果测向次数达 4 次以上，且能围着电台跑上大半圈，交点已非常准确，误差可不超过 4 米，即使电台停发信号，也可立即找到它。但是，在多次移动位置后，往往容易把第一次测出的方向线记偏而造成前几次交点误差较大。初学者在训练前期，应反复进行交叉定点的训练，以提高移动中"记线""看点"的能力。

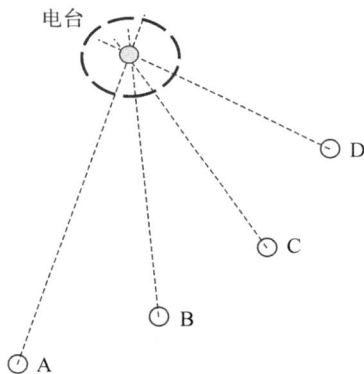

图 3-2-1　交叉定点的具体方法

图 3-2-2 中所示 A 点方向线为理想情况下的路线。在实际测向中，随着地形的变化，障碍物和道路的不同，A、B、C 各点的选择也不同。从图中可知，这些点选择的是否适当，对交叉定点的成功率影响很大。交叉定点时测向点的选择应注意以下几点。

①根据远距离测出的"线"和"位"，力争在该台下一轮发信时尽量靠近电台。靠得越近，交叉精度越高，构成合理交叉角所需的跑动路线越短。

②从图 3-2-2 中可知，方向线夹角愈接近 90°，误差愈小，但在实际运用中，考虑到时间的限制和运动员的体力消耗，此夹角以 60°～90°为宜。

③尽可能使测向点之间有道路和无障碍物，便于快速奔跑。

④测向点的选择，应考虑到一些难以通行的疑点区。如图 3-2-2 中在 A 点所测方向

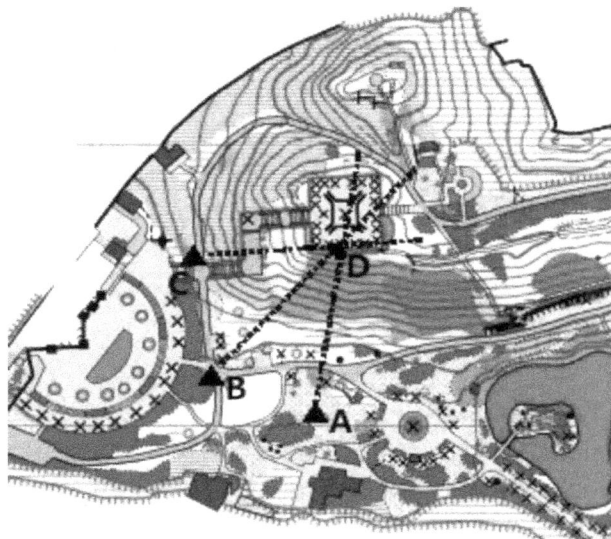

图 3-2-2　交叉定点的实战应用

线通过疑点区,下一个测向点自然应选在 B 点;B 点所测方向线如果仍通过疑点区,电台必然在其交点 D。如果不通过疑点区,即可完全排除,而不必在此浪费时间。

　　⑤在地形较复杂、障碍物较多的地区,测向点应尽量避开障碍物,不要轻易进入障碍区。

　　⑥草丛、树木稠密的山区,测向点的选择难度较大,要依据运动员所处的具体位置来考虑。如果在山下时,应利用山旁道路的自然走向进行交叉,在未判明交点在山上之前,不要冒然上山,还应避免进入上凹处;如果在山腰时,应尽量沿等高线交叉;在山顶时,位置较为有利,应尽量选择在地势较高、道路较多处(如山梁等)进行交叉。这对看准方向线,选择道路十分有利,而且方向性受影响的可能性也很小。

　　综上可见,交叉定点多在地形比较复杂的区域,如村庄、树丛、山地中使用。

　　(3)比音量

　　比音量适用于出现干扰,造成测向机指向不清,以及距电台数米内,测向机失去方向性的情况。

　　由于在 2 米波段近台区测向比 80 米波段测向容易,也较少出现方向混乱的情况,比音量主要在 80 米波段测向中使用。

　　①跑音量。这是在近台区出现严重干扰,方向线十分混乱,或者无法测出方向线的时候才会用到的一种方法。具体步骤是:将测向机置于胸前,磁棒轴线与人体平面垂直,直立天线不要抽出,音量关小,在可疑区反复奔跑(测向机不要摆动),通过比较,找出音

量突起处,然后再用"扫音量",判定电台的具体位置。

②扫音量。这是在距电台数米内,因信号强度猛增,无法分辨双向小音点,也就是说测向机失去了方向性时使用的一种方法。具体步骤是:将测向机直立天线抽出,并按下单、双向开关,使测向机处于测单向状态,收到被测电台信号后,将天线水平放下,向周围做弧形扫动,寻得音量最大的方向,并沿此方向边扫边前进,直至接近电台。采用直立天线的顶端向可疑区靠近,当接近发射天线时,测向机音量会发生突变或啸叫,如果电台天线处在许多"假天线"之中时,用这种方法甚至能判断出哪一根是真的发射天线。扫音量只是在距电台数米以内,测向机失去方向性时的一种辅助办法,在实际测向中,只要测向机不失去方向性,仍应以测线定位为好。

(4)无信号找台

在近台区,因障碍和距离等诸多因素,无法在信号结束前到达并找到电台时,按照电台方向线所确定的"位"或"线"到台或顺"线"搜索电台的方法,称为无信号找台。

无信号找台的方法:当确知自己无法在该台发信时间内到达电台时,应在该台发信的最后几秒钟内测出(并记住)一条准确的方向线(为提高测向精度,最好停下来测记),然后按方位物或指北针的指引沿方向线或方位角搜索电台。搜索中应尽量走在方向线上;遇到无法通过的障碍时,记住障碍物前面方向线上的一个明显标记,再绕道到达该标记处,继续顺原方向线搜索。必要时可用指北针校正方向。顺"线"搜索范围的控制,应建立在正确估计台距上。估计正确可缩小搜索的纵向范围,提高无信号找台的速度和成功率。例如,若信号终止时,音量随电台距离有一定的变化,那么电台可能就在附近不远处,一开始就得仔细搜索;若判断电台在二三百米远处(衰减开关扳到"近程"位置信号不强),则可加快速度接近。考虑到测向误差,顺"线"搜索时,随着距离的接近,"线"两侧的搜索范围应逐步扩大(见图3-2-3)。在搜索区内,对一切可隐藏电台的地方,如大树上、树丛中、草堆里和小屋旁等都要仔细查看,不能遗漏一处可疑点。如果地形条件许可,而且估计电台不太远,可在电台发信结束前一段时间,进行交叉定点,尽可能获得一个大致的"点"。到"点"搜索,远比顺"线"搜索更为有利。

总之,无信号找台成功的关键是:①力求在信号中止前定出"点""块",至少定出线。②测准、记清方向线(或方位角)并准确估计台距。③练好在方位物不明显和视线不良的地域沿方向线前进的本领,只有这样才能顺线或沿方位角进行搜索。技术较熟练的运动员在近台区应全力争取带信号找到或到达电台,尽可能避免无信号找台。

(5)搜索

搜索是前四种方法的后续手段。它是通过前述四种基本方法确定了电台的"位"和"线"后,迅速到"位"或顺"线",拨开各种伪装找出电台,并在卡片上作印的方法。

搜索时应注意以下几点:第一,要看清"位",走准"线",力求一次搜索成功。第二,考虑到各种误差因素,当第一次搜索扑空时,不要慌乱,应在"位"的周围,由点到面逐步扩

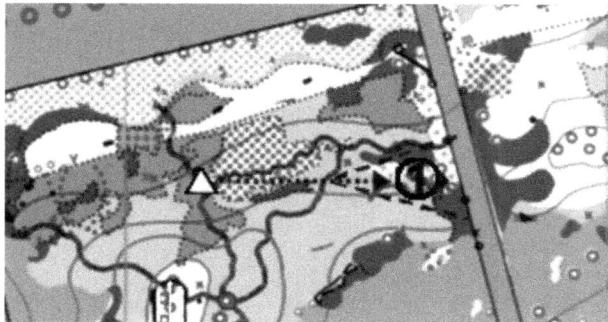

图 3-2-3　近台区扩大"线"两侧的搜索范围

大搜索范围,防止没有目的地乱跑。第三,搜索中,一定要做到冷静(注意力集中)、认真(不马虎、不草率)、条理(有头绪、不重复)和全面仔细(眼观六路,不漏过任何"蛛丝马迹")。第四,防止主观臆断。那种离开自己测的线和定的位,凭"想当然"到处乱搜的做法是测向者之大忌。此外,搜索中还应尽可能利用客观条件。如 80 米电台天线虽细小,但总是要垂直架设 2 米左右高。因此,先找天线,注意天线的架设情况,以及注意观察前面出发的测向运动员留下的脚印等,这样就能及早发现电台。

　　(6)几种基本方法的综合运用

　　近台区测向的几种基本方法,在实际测向中,常常是依照具体环境、道路、电台难度和电波受影响的情况,穿插配合,灵活运用的。单纯使用某种方法,都有一定的局限性。如方向跟踪法,在距电台十多米内,因信号强度猛增,小音点范围逐渐变小,甚至消失,很容易失去方向;比音量法在距电台十多米以外,难以施展本领;交叉定点法在 100 米以外,很难交准,且移动距离太大,既浪费时间,又消耗体力。如果这些方法配合使用,就能收到取长补短的效果。如近台区地形简单,可采用方向跟踪与比音量相结合的办法。首先用方向跟踪,快速接近电台;一旦耳机里声音有突起现象,就使用比音量方法,仍沿原方向继续向前跑,边跑边注意音量变化情况;待跑过电台几步,音量明显下落时,何处音量最大已心中有数,就可以回过头来,在音量最大处收获电台了。千万不要音量一突起就下手搜索,这很容易造成过早搜索而贻误时间。

　　再如,若近台区地形复杂,可采用跟踪、交叉相结合的办法,先用方向跟踪接近电台,再根据地形情况,选择适当测向点交叉定位。方向跟踪中。若遇到障碍时,可绕过障碍、利用绕行路线进行 60°左右的弧度交叉(见图 3-2-4)包抄过去。

　　交叉定点、方向跟踪、比音量和无信号找台几种方法都是为了接近电台并确定其位置,而最后要靠搜索才能达到我们的最终目的。无论采取哪种方法,其主要任务都是为了最大限度地缩小对电台的搜索范围,因此,搜索范围的大小,就成了衡量测向与近台区

图 3-2-4　近台复杂地形采用跟踪、交叉相结合

技术掌握程度的主要标志。初学者的搜索范围自然要大些,为尽快达到高水平,不要过早地参加全过程练习,应该先按基本方法的顺序,分单项反复、多次练习。在单项方法掌握熟练的基础上,再进行综合运用练习和全过程练习。

2.几种典型影响及处理办法

电波在传播过程中出现的反射、折射、绕射和干涉等现象,在近台区表现尤为突出,严重时会使运动员无法依据正常的方法,接近电台。因此,在近台区如何识别和处理这些影响,就非常重要了。

(1)造成影响的主要环境

①山地。目前测向运动多在起伏不大的山地进行,而山坡对电波存在反射,其反射程度以石山最甚,有土覆盖的石山次之,有植被的土山最轻。从山势看,山势愈陡,反射愈严重。此外,电波还有沿山谷绕射的能力,如图 3-2-5 所示。图中在 A 点测向,方向线指向 C;到 B 点测向时,音量突增,方向也指向 C。而藏在山坡上的电台,其实测方向,常偏向远山另一侧。

②建筑群、楼房区。如图 3-2-6 所示,在 A 点测向,将会收到反射波,测向机指示的方向恰恰是相反的。假如 A 点还存在电台的直射波。其强度又与反射波相差无几的话,就会出现单、双向模糊不清。

③电线密集区及高压线下。在电台附近的电线密集区和高压线周围,该台发射的电波强度将会突然增高。这就是所谓的二次辐射现象。如果在电线密集区测向,其方向可能误指电线密集中心,如变压器等。在高压线下测向,其方向则可能误指高压线的走向。

(2)识别与对策

①学会并提高识别影响的能力,在实际测向中,凡遇到单、双向突然模糊,方向乱指、

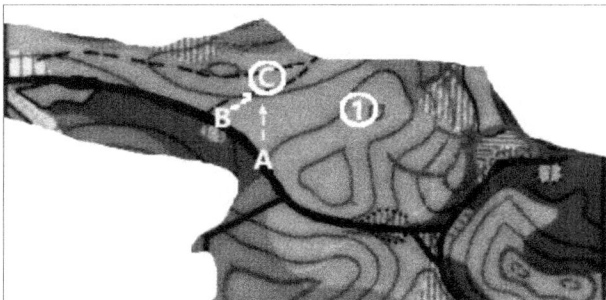

图 3-2-5　山地电波的反射造成假台现象

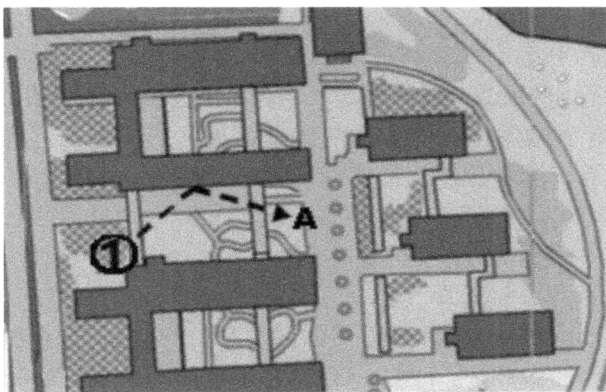

图 3-2-6　建筑群间电台反射波和直射波相互干涉

交点忽东忽西,或信号忽强忽弱(2 米测向较明显)的情况时,应立即意识到已进入了影响环境。除了认真观察周围的地形,分析受影响的原因外,应立即离开这一区域。有时离开几步可能就好了。切忌不要测不出方向还不死心,硬要站在那里继续测,白白浪费时间。

②选择合适的测向点。在 80 米波段,应注意避开建筑群、电线和变压器(一般离开 20 米以外即可),多选空地、高地。在 2 米波段应注意避开山谷、石山、陡山,尽可能选择视线开阔、地势较高区域,进行精确的远距离测向和交叉等。

③在近台区快速跑动,多点交叉,从交叉中归纳多数方向线的指向,即找出多数方向线的交叉,该点极有可能为电台方位。

④灵活而又综合地运用不同的测向方法。跟踪不行,改用交叉;交叉无效,再用比音量。如果影响严重,一两轮信号过去仍无结果,便应果断地退出该地区,实施远距离交叉。大致定了点后,再进入点上(此时定的点实际是一个范围较大的"块"了),依据地形

情况,用前述比音量的方法确定了电台位置后,再进行搜索。

⑤遇到"假点"不要紧张。当按照正常情况沿方向线到达电台位置时,如音量并不突起,可能是遇到了"假点",这时不必紧张。"假点"往往是最佳测向位置,可在此点上,迅速测出方向线,再作判断。

由于造成影响的原因很多,运动员必须经过多次尝试,摸索和体验,在训练中多动脑筋,多总结经验,提高自己的适应能力,以减少在影响情况下的失误。

3.近台区测向技术练习

发展近台区测向技术的练习,可采用以下方法进行。

(1)交叉练习

(2)方向跟踪练习

(3)进行无信号找台训练

设两部隐蔽电台,分别为1号、3号台,在同一频率上以3分钟循环工作。出发点到电台的距离应大于运动员跟踪可达到的远度。运动员分为两组,一组找1号,另一组找3号。要求运动员带信号跟踪,当信号中止后继续前进并搜索电台。搜索时间不应长于1分钟,听到另一台发信开始便应停止搜索,立刻返回预备区,等候再次出发。在信号中止前10秒左右时间内获得电台所在的"点""块"或方向线,找准方位物,以备信号中止后有目标地前进。

(4)游戏性近台区找台对抗赛

运动员分为两组,备电台4部,每组两部同频率。在林区选一处作为两组运动员的共同出发点。第一组电台呼号为1号、3号,第二组电台呼号为2号、4号,5分钟循环。1号、2号台同时发信,3号和4号台同时发信,以便两组队员同时出发。各组分别派人替对方设台。台距可事先约定,大体相同。电台设置妥当后,两组各派一名队员出发找台,找全两台后返回起点,下一名队员出发,看哪组先找完。

(5)考核队员最大跟踪距离

备电台5部,同频率循环工作。隐蔽难度接近竞赛中实际设台。电台上设台号章,操纵员隐蔽。运动员在预备区不可见起点及他人寻找各台的情况。各台间距不同,从50米到300米,例如分别为150米、100米、80米、200米、250米。运动员间隔单个出发,要求每分钟找一个电台并作印,一轮找5个;一轮发信结束后,无论找全与否,返回起点,以此法重复2~3次。考核队员在一次发信时间内,大致可以跟踪找到多远距离上的电台。

三、途中测向

运动员离开起点(或离开刚刚找过的电台)后,到达下一电台附近这一阶段中的测向叫途中测向。途中测向的任务,一是修正前进路线,尽快到达近台区(即到位),二是选定正确的找台顺序。途中测向的关键技术有以下三个方面。

1. 确定找台顺序

（1）正确确定找台顺序的重要性

竞赛规则规定，除末号台为最后必找台外，其余各台中，先找哪个，后找哪个，均由运动员自行决定。在一场竞赛中，无论各隐蔽电台的位置怎样分布，总是存在着较合理的找台顺序，依这个顺序逐个找完各台到达终点，能够避免行进路线的重复，节省时间。而一旦找台顺序发生了严重错误，则不仅贻误时间，消耗体力，还容易引起心理急躁和信心动摇。找台顺序错误会直接影响成绩，甚至会造成自己在本场竞赛中的失败。

（2）正确确定找台顺序的关键在于正确确定首找台

在竞赛中最先找到的那个电台叫作首找台。确定首找台是运动员首先遇到的问题，这时，待测电台多，获得的信息少，因而困难最大。而一旦找准了首找台，在余下电台中，末号台无须选择留在最后去找，这样就容易得多了。因此，正确地确定首找台既困难又重要，必须谨慎对待。

熟练掌握正确确定首找台技术的重要性还在于，运动员通过首找台之后，又可以看作自己由此出发，在余下各台中再选出一个"首找台"，从而可以把选择找台顺序理解为依次确定一个个首找台，使确定找台顺序的理论和技术大大简化。可见，正确地确定找台顺序的关键在于正确确定首找台。

（3）确定找台顺序及首找台的依据

在起点可以依据提供的地图所显示的赛区范围、赛区地形及已给出的起点在地图上的位置判断各台分布的趋势，推断首找台的可能位置，但是否真是这样仍有待测听、验证；可以依据各台信号强弱判断电台远近，但又要提防电波传播过程中受地形起伏、高地阻挡造成衰减的不规律性引起的错误判断。因为隐蔽在低洼潮湿环境中的电台，即使很近，信号却极其微弱；反之，设置在开阔地、高地的电台，即使很远，信号却很强。过于相信信号强电台就近、信号弱电台就远，会导致重大失误。依据电台方向线去推断电台位置，主要有下面几个原则和判断方法。

第一，无线电测向的本质就是测定电台的方向线。在确定找台顺序时，首先应当依据各台的方向线及方向线之间的角度关系。

第二，两条电台方向线可以构成一个夹角，三条方向线可以构成两个夹角，等等。在激烈的竞赛中，为使分析过程简化，在分析诸方向线间的关系时，要确立一个基准线。

第三，"离末号台最远的台先找"。当运动员面临有多个电台，需选择先找哪个时，为避免途中往返重复奔跑，应当先找离末号台最远的那一个台为首找台。

第四，"离自己最近的台先找"的原则。当两个电台的方向线同末号台间的夹角相近而难于确定哪个离末号台远时，应当先找离自己近的那一个。离自己近，便必然离末号台远，这也是符合"离末号台远的台先找"的原则。判断办法是比较前进过程中这两台方向线的角度变化程度。在图 3-2-7 中，运动员由 O 向 A 方向运动。由 O 点看去，1 号和 3

号两台方向线同前进方向的夹角均约 30°,难于判断应当先找哪个。但当他跑到 B 位置时发现,1 号台的方向线首先出现大角度扭转。这样便可以确定 1 号离自己近,应当先找。由图中还可以看出,无论两个相近角度的台位于前进方向的哪一侧,距离近者都先扭转。

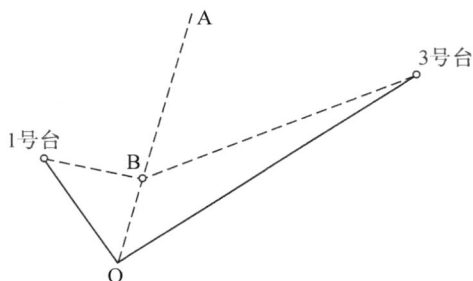

图 3-2-7　判断离自己最近的台

（4）确定首找台的一般规律

我们从分析各台方向线间角度关系出发,依据上述原则方法,确定首找台。

①直线布台。全部电台方向线的最大夹角不足 15°的电台分布,称为直线布台。由于标准距离竞赛规则规定了各台距起点不少于 750 米,各台间的距离不小于 400 米,因而实际竞赛中各台之间总是保持着一定的间距。直线布台时,电台横向排布不开,各台间的距离基本上依靠纵向距离保持,就必然构成"纵深配布",运动员在起点发现这种布台方式时,不必过早确定首找台,因各台的夹角小,台与台之间的横向距离短,可先沿各台的总体方向前进。在途中再注意兼测各台方向线,如果某台方向线先发生偏转,就是首找台。

在比赛中,从起点就可以测得属直线布台的次数极少。但找完首找台后剩余各台属直线布台的是很多的。

②小角度布台。电台方向线的最大夹角大于 15°小于 60°的布台方式称为小角度布台。运动员在起点测得布台方式属小角度时,要注意末号台的方向。第一,当末号方向偏向一边或在最外侧时,可暂选与末号台夹角最大的台为首找台,但应选择夹角内的道路行进,以便兼顾其他台。当发现某台方向线明显偏转(或垂直,或折回),音量也增大时,应将此台修正为首找台。第二,当末号台方向线位于各台夹角的中线位置时,最好先沿中线方向前进,待进一步测听各台方向线后,再根据地形、道路等情况,确定中线两侧的电台哪一个是首找台。

③大角度布台。电台方向线间最大夹角大于 60°小于或等于 180°的布台方式称为大角度布台。大角度布台包括末号台大体居中和末号台明显偏于一侧两种。

当末号台方向线大体居中时,末号台方向线两侧分别有 2 个和 3 个电台。运动员应选择角平分线附近的道路前进,并注意分辨左右两侧各电台方向线扭转程度,择扭转最快一台为首找台,按照找完一侧的电台再找另一侧电台的办法确定后面几台的顺序。

当末号台方向明显偏于一侧或在最外侧时,以夹角最大的台为首找台。

④环形布台。电台分布的夹角大于 180°的布台方式称环形布台。这种布台的特点是角度范围大;由于受规则中关于总距离的限制,电台的纵向深度一般较小,大体分布在以起点为圆心的"圆周"上。这时可以确定与末号相邻而夹角又最大的那个台定为首找台,然后沿"圆周"路线逐个找下去。

在实际竞赛中,运动员还应考虑到地形、道路、障碍等情况,做出真正合理的选择。

2.到位技术

运动员到达了隐蔽电台附近叫作"到位"。到位标志着对该台途中测向的中止,近台区测向的开始。到位是途中测向的重要任务之一。

有两种情况可以实现到位。一种是运动员在途中只记清了该台方向线,边测边前进,当某一时刻该台又发信时,凭信号强度感觉自己进入了近台区,或发现了裁判员、运动员踪迹表明自己到达电台附近所实现的到位。另一种是运动员凭借到位技术,预先判断该台的大体位置,再在接近的途中逐步加以修正或证实,使该台的位置更准确、更清晰。有意识地到达电台附近,叫作有意识到位。到位技术主要是指有意识到位技术。

到位技术的优劣在很大程度上反映了一名运动员测向技术综合运用能力。这是因为,首先,到位技术涉及测线及在地图上的标线精度、远距离交叉精度、识图用图能力、对地形及环境的能力、对信号强度及信号强度变化率的感知及所反映的电台距离判断能力等,是综合运用各种基本技术的一项专门技术,真正掌握它不容易;其次,到位技术良好的运动员,由于预先知道了隐蔽电台的方向和距离,甚至知道该台的实际位置或在地图上的位置,从而可以正确分配体力,选择最佳道路,恰到好处地在该台发信前一时刻进入近台区,实现省时、省力。可见,到位技术既复杂,又十分重要。

(1)直线到位

运动员测出电台方向后,通过对该线经过区域的地形分析,再结合音量及音量变化率判断电台距离,沿方向线方向直接奔向电台的到位办法叫作直线到位。直线到位时,运动员运动路线大体是在方向线附近,难于形成交叉。技术特点是以方向线为主要依据,要求准确,而距离靠分析判断,存在一定纵向误差。

在寻找首找台时,运动员希望以最短捷的路线到达,多以直线前进,沿途有可能得不到交叉的机会,因而主要是使用直线到位法。在图 3-2-8 示例中,运动员由起点出发已运动 200 米位于 A 位置,判定 2 号台为首找台。由于规定各台距起点距离不得小于 750 米,2 号台起码应在方向线上距起点 750 米以外,而地图显示离起点 400 米至 1000 米一段为沙砾地段无法藏台,电台便必然在 1000 米之外。运动员便可以选好道路连续跑

1000 米,而不必在途中逗留和过多的减速。在接近 1000 米时,进一步测听,通过观察周围环境并对地图进行分析,定出一两个怀疑区域。进入初定怀疑区域后,便应边慢跑,边留心观察、判断。

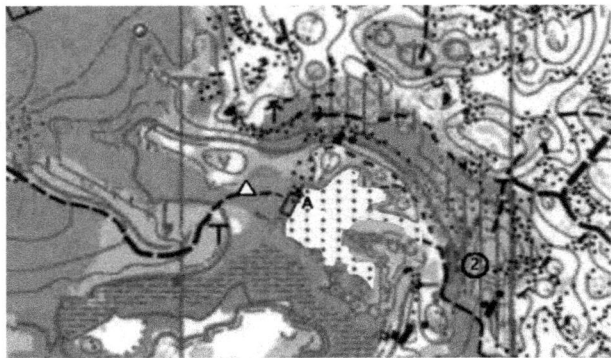

图 3-2-8　直线到位

采用直线到位方法的技术要点是:测线要准;选取方位物要清楚、明显,最好选取高大、独立、背景透亮的地物做方位物;运动员应对已跑过的路程经裁弯取直后的直线距离有准确的估计,知道自己到底跑了多远;要善于在途中进行观察和判断。

(2)远距离交叉到位

运动员在不同的位置测听,会得到多条方向线,在远方的多次交叉后初定出待找电台的位置,有计划地到达电台附近的方法叫远距离交叉到位。如果使用得当,这种交叉定位所产生的误差不超过二三百米。运动员进入这个区域后,一般可以在一轮发信时间内找到电台。远交既可在地图上标线形成,也可以选取参照物后在实际地物构成。交叉到位对先前已测得的方向线依赖性很强,因而必须熟悉地图,能正确选取方位物,确立参照系。

交叉到位技术的运用是受到一定限制的。当运动员在复杂地形中前进,难于确定自己立足点在地图上的对应位置时,就难于运用地图进行交叉;当地貌无明显特征,视线不良无法选取合适的方位物时,便难于进行实地交叉。这时只能用直线到位的方法了。

(3)综合运用

在实际运用中,在远距离交叉定点后,运动员总是力求沿直线接近电台。这样免不了用直线到位法进一步判断台位。而在直线到位法判定电台大致距离后,利用奔跑途中道路的自然弯曲或为避开大障碍而进行绕行,同时采用远距离交叉到位。所以,这两种到位法总是交替运用,互相补充的。

(4)提高到位率的练习

①远距离交叉定位练习一。按综合训练要求设台,规定运动员在起点精确标线后再

出发。到达首找台后再标一次,然后认定并标注各台位置。为降低难度,可规定首找台号,以利交叉,使运动员确有收获,增强信心。

②直线到位练习。设3个电台,5分钟循环工作,以纵深配置,使运动员由起点开始到终点为止,难于获得有效的交叉。电台调谐及天线架设都应符合规则要求,避免造成的错误判断。在起点预估3台距离及大体方位,每找到一台,都要向该台操纵员报告自己预测的下台位置后再离开,以备训练后检查误差。

③在综合训练可规定找台顺序。规定顺序后,运动员可以集中精力,专注于到位,以尽快丰富经验,提高到位率。

3.道路选择

运动员在途中前进时,或走大道、过小路,或涉田野、穿丛林,总是希望自己走近的、易于通行的路径,以求既省力又能快速到达电台。一旦道路选错,轻则绕道费时,重则陷身于重山荆棘之中或受阻于悬崖、河道。

选择道路的主要依据是地形图,同时要注意实地观察,做出机动的选择。运动员确定了前进方向和目标后,首先应"回忆"或从地图上查找有关道路,从中做出比较和选择,再在实地找到正确的道路。在实地能否找到地图上标示的道路和重要方位物,很大程度上取决于运动员识图、用图的能力。有这样一个实例:在一次竞赛中,两个电台之间横亘一座相对高度约100米的山。从地图上可见仅有一条小路可以过山。但由于多面护林封山,在实地上这条宽约一米的山路已被道路旁倒伏的茅草遮盖,离开几米远便难于发现。多数运动员是由山林中穿过的。有一位运动员注意到,地形图上这条小路的上山起始一段同高压线相会,他循高压线找到了这条山道,顺利地越过了山谷。事后才知道,走山道要比穿山林大约省八分钟时间,还省力得多,可见识图用图的重要。但是任何一份地形图都可能同实地有一定差异。在局部山地,一些小路并不见得都能在地图上一一标出。因此,运动员经常要结合实地做出临时性的选择。为使选择正确,在找完一个电台后要先决定去向,明确道路再上路,不要闷头离去。在地势较高的地段时,因视线开阔,应不失时机地确定道路和方位物。在测向练习中,要学习和积累不同地区道路分布和走向规律。如在南方,山地都有沿山小路,其走向基本同等高线平行。当在山坡奔跑无路时,不妨向上向下移动一段,就可能碰到路。在北方,许多山顶是称作塬的平坦部分,适于奔跑,且利于观察;而在山脚常有冲沟,山坡极少有沿登高线的道路,沿山腰等高线前进就得在冲沟中爬上爬下,十分困难。

无论是依地图选路还是实地临时选择,务必注意:一是有路不翻山,在无把握时,不轻易上山,如果已上山则不轻易下山;二是多走大路,少走小路,慎重地考虑是否进入地形图上未标示而走向无法判断的小路。

四、测向机增益控制装置的使用

测向机的增益控制装置分别是"音量"旋钮和"远、近程"开关（短距离测向机只有"音量"旋钮，标准距离测向机才有"远、近程"开关）。

标准距离测向中，"远、近程"开关，采用不连续调整方式，大多利用开关定量地衰减测向机高频放大器的放大量，对音量控制的效果只有大、小两个状态。在标准距离测向过程中，如果电台距离较远时，为保证收到信号，应将这两个增益控制装置同时置于增益最大位置，即"音量"旋钮旋至最大，"远、近程"开关扳向"远程"。当接近电台时，信号逐渐增强，耳机内声音逐渐变大。由于人耳在小音量时对音量变化的分辨能力比对大音量时的分辨能力强，就需要随时减小音量，以利于正确地辨别电台方向。但只有这种控制方式还不够。为了在即将接近电台时可以判断被测电台的距离，不至于有时怕跑过而踌躇不前，而有时却盲目跑过很多，造成时间上的浪费，应将"远、近程"开关扳向"近程"位置。这时，测向机只在大约距电台三四百米内才能收到适当强度的信号（2米波段测向机稍远些）。因此运动员在向被测电台运动中，随时把此开关由"远程"扳向"近程"。如未收到信号，则证明电台还在三四百米以外，仍需大胆向前奔跑；如收到了信号，则说明电台已距离不远，此时，就要根据信号的强弱，判断是否到了近台区，并采取必要的手段和方法，准备捕获"猎物"。

五、标画电台方向线

在标准距离测向中，将所测电台方向线及台号标画在地图上（标出的方向线是一条站立点为端点，引向电台的方向线的射线）的方法称"标图"。若练习中缺乏地图，可预先备一张白纸卡，在纸上画"十"字，设定交点为起点，按上北—下南—左西—右东的方向，标画出各台方向线。

标图是一项精细而又十分重要的工作。电台方向线标绘在地图上，可以分析沿线地形特点和道路情况，还可以通过远距离交叉定位分析判断电台大致位置，充分发挥地图的作用。标图既可以在起点进行，也可以在途中测向过程中进行。起点标图尤其重要。依据起点标图，运动员在起点才有可能概略判定首找台，确定前进方向。并且在以后的途中测向中，还可以用测得的新的方向线，与起点标图进行远距离交叉，以提高到位率。因而起点标图必须精细、准确。起点标图时，由于信号微弱，初学者往往测听困难，测定方向线及标图误差都可能较大，这需要多练习才能克服。但从一开始就要特别注意以下几点：第一，勿将单向测反或将方向线标反。其次，应注意各台与末号台方向线之间的相对位置。切勿颠倒了位置，在起点标图中一旦发生这样的错误，在判定找台顺序、确定前进方向时就可能产生重大失误。

标图方法及练习如下。

1. 利用参照物标图

将所测的电台方向线经过某明显地形点（如水塔、烟囱、桥梁、山峰等），此地形在现场及地图上方位明确，则可在地图上从站立点到该地形点画一条射线，并在线旁标注该台的台号。此方法简单、准确，但局限性大。

2. 按方位角标图

测出电台方向线后，按指北针示向度（方位角）的读数，在地图上站立点为原点，标画出该示向度的射线（正示向度的指北针按顺时针角度画，逆示向度的指北针按逆时针角度画）。此方法在地图上、纸片上均可采用。

3. 利用测向机标图

以 80 米波段测向机标图为例，用测向机测出电台的大致方向后，把它放在地图上，与磁棒平行的机壳通过站立点，转动测向机（地图勿动），精测方向线。测得双向哑点后，停转测向机，利用机壳外缘，画一条射线，即为电台方向线。此方法画线质量高，但在运动中标定地图误差大。

4. 标图技巧

为减少凭感觉画线的误差，出发前先在地图的起点位置画上"十"字，再用量角器标画出若干主要角度线（从正北 0°起，每隔 30°或 15°等标画一条射线）作为参考；用测向机部件直接在地图上打印记，然后画线；用线段长短表示所测电台的远近或用事先准备有台号的胶布贴在所测方向线的某点。

5. 标图练习

(1)选一空旷地作起点，起点周围视线受阻，不可见 50 米外物体。4～5 名操纵员带信号源统一开机后分散在周围发信。各台同频率，以循环方式工作，两轮信号后，各台转移一次位置，或在转移位置的同时更换台号，但换位及换号都须按预定方案准确进行。运动员持测向机并备纸，注明轮次及方向线供检查、核对。

(2)综合练习时，要求运动员在起点附近收测信号并认真标出各台方向线后再出发。如果使用地图，方向线应标在地图上。练习后对照实际台位检查标线精度。

(3)结合综合练习进行二次标图。电台按综合练习要求设置。运动员集体带入练习区域标图一次后，转移到起点准备出发。运动员转移过程中，各台改变台号，某一两台也可移动位置。运动员单个出发前再标图一次，这样可以在一次布台中实现多次标图练习。

六、提高识图、用图能力

可采用下述方法提高运动员识图和用图的能力。

1. 备不同的地形图若干份，如有以往比赛的地图更好，复印为每份包含 20 平方公里范围的小图发给运动员。让运动员看图 5～10 分钟后，默画地图或回答教练员有关该图内容的提问,开始时可只注重某一方面的内容,例如专记干路、支路,专记山脉、地势走向等,然后可要求记某几项内容,直到全部主要内容。

2.按"定向越野"运动的要求设置"点标",运动员持地图、指北针找点,进行按地图进行、确定站立点等项训练。

3.在综合练习中设"虚台"。即在综合练习的电台配置中,选一两个台的位置,不设电台,而改设"点标"和印章。"虚台"位置在运动员离开起点前单独通知。如使用地形图,在此时用笔标示。确定找台顺序时,运动员必须将虚台考虑在内。

4.回忆运动路线。在综合训练中使用地形图,要求运动员由起点出发开始,随时随地对照实地在地图上的对应位置。训练结束后,在地图上描绘出各台位置及运动路线,再由教师进行奖评。

七、测向影响识别与排除

测向影响是指隐蔽电台发射的电波在传播中,受建筑物、高山、电线等物体的反射、折射或辐射,将改变原来传播方向,使测向发生错误或模糊的现象。

1.测向影响的主要环境

(1)有山地、峭壁、建筑群、电线和高压线、天线架设不良、调制方式或发射电波不规范等。

(2)与电波反射有关的主要因素

①山地对电波的反射。其反射以石山为最,土山较弱,而且山势越陡反射越厉害。

②高大楼房对电波的反射。短距离或标准距离近台区测向,周围高大楼房或建筑群容易对电波造成反射。在楼群中测向时,所测电台方向会误指某高大楼房或出现单、双向模糊不清。

③电线及高压线对电波的辐射。若电台设在电线密集区或高压线的附近,电台发射的电波强度将会增高,产生所谓二次辐射现象。在密集区测向时,所测电台方向会误指电线密集中心如变压器等,当在高压线下测向,方向则可能指误,指高压线走向。

2.测向影响的识别

识别测向影响必须建立在对自己所用测向机性能十分熟悉的基础上,对实际测向中受影响时做出正确判断。电波受影响时主要表现有:方向线变宽、模糊甚至无方向、方向左右不对称、方向变化多端,指向模糊,交点不定,单、双向不一致,信号忽强忽弱。

3.防止测向影响

运动员意识到进入测向影响区时,应重新选择良好的测向点,如视野较开阔的空地、高地等。

4.测向影响识别与排除练习方法

校园无电波测向,因校内建筑物多,容易引起电波反射,在测向过程中,出现方向模糊不清、指向错误多变、交点不定,信号忽强忽弱时,应迅速离开、躲避,重找新测向点。教学中可在靠近校园教学楼边的树林设一部隐蔽电台,让学生体会电波反射情景,然后快速移动,跑动测向,多点交叉,找出多数指向的交点(该点极有可能为电台方位);细调频率,减小音量,变换持机方式;灵活运用不同的测向方法,尤其是比音量技术;冷静分析电台布局,提高学生在测向过程中遇到电波反射时的处理能力。

第三节 地形图与指北针使用

一、一般知识

地形就是地表面的形状。地形由地貌和地物两项构成。地貌就是地表面高低起伏的形态,如高山、丘陵、平原、冲沟等。地物是地表面固定的物体,例如天然的江河、湖泊、森林,人工建造的房屋、碑塔、桥梁、水库等。

把现地的地貌和地物按一定的比例缩小绘制在纸上,并加以标记,就是地图。常见的地图有以下几类:反映一些范围比较大的地图叫地理图,像世界地图、全国地图等;业务部门为某种专门的目的而编绘的地图叫专用地图,例如服务区域图;还有一种地图,它是按照一定的投影方法、比例关系和规定符号,把现地地形测量绘制在平面上的,这种图显示地形准确,标注详细,叫作地形图。地形图是军队各级指挥员指挥战斗行动所必需的重要工具,也是无线电测向、定向越野运动员在比赛、训练中的向导,对于人员迅速到达位置,顺利通过各种障碍十分有利。

无线电测向竞赛总是在一定的地形条件下进行的。裁判员发给运动员竞赛区域地形图,为运动员分析台位、选择道路、缩短到位时间提供方便,地形学是无线电测向运动员必须熟练掌握的基本知识。

二、地形图识读

地形图是以各种线条(直线、曲线、虚线)、图形符号、色彩(黑、棕、蓝、绿)、注记(文字、数字)组成的。要想识读地形图,首先要清楚它们的含意。

1.比例尺

地形图是经过实地测绘后按一定比例缩小绘制在平面上的,图上距离与实地距离之比就是比例尺。在识读地图时,只要知道了该图所使用的比例尺,再量出图上距离,实地距离=图上距离×比例尺分母。无线电测向运动使用的地图比例尺规定为 1∶10000 到 1∶50000。

2．颜色

地图上使用蓝、绿、棕、黑四种颜色。蓝色表示水；河流、水渠用蓝色绘制，池塘、湖泊、水库的水域也以蓝色填充。绿色表示植被；面积大的一些森林、果园、苗圃等地区均以绿色显示。棕色用来显示地貌；等高线、土坎、冲沟都以棕色绘制。居民地、独立地物、管线和树丛是用黑色，那些需要突出表示的地物，像道路、境界、地名和一些注记也用黑色。

3．地物符号

地面物体种类繁多、形态各异，不可能照它们的形状全部描绘在地形图上，为了使地图简明，便于识别，制定了一些图形注记来代表和说明实地的某种物体，这些图形和注记统称为地物符号。地物符号大体可以分为以下几类。

（1）依比例尺表示的符号（又叫轮廓符号）

实地上面积较大的地物，如湖泊、居民地、森林、水库等，其外貌轮廓是按该图所用的比例尺绘制的，在图上可显示其分布和形状，并可量得相应的长、宽和面积（见图3-3-1）。

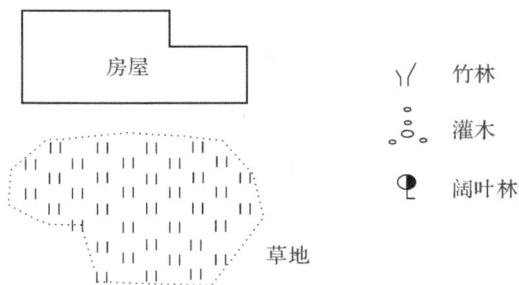

图 3-3-1　依比例尺表示的符号

（2）半依比例尺表示的符号

实地上的长度很长、宽度很窄的线状物，如道路、土堤、电线、水坝、河溪等，其长度是按比例尺绘制的，而宽度不能依比例尺，只好放大描绘。这类符号，在图上只能量取其相应的实地长度，不能量取它们的宽度和面积（见图3-3-2）。

（3）不依比例尺表示的符号

实地面积很小，但对判断方位有重要作用的独立物，如亭、塔、独立物、独立树等，只能以规定的符号表示。在图上可以了解实地物的性质和准确位置，不能量取大小（见图3-3-3）。

（4）说明和配置符号

说明符号用于说明图形符号所不能表示的内容，如以箭头表示河流流向等。配置符号主要用于表示某些区域的土质分布和植被种类等。例如"松"表示该林区树种为松树，

围墙			土坎	
土围墙			加固的坎	
1:2000 图中的围墙			斜坡	
			加固斜坡	
栅栏			土垅	
铁丝网			围墙	
绿篱			城墙	
行列树			已毁城墙	

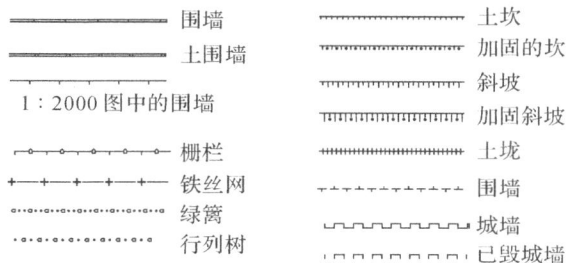

图 3-3-2　半依比例尺表示的符号

方柱	圆柱(电杆)	气象站	路灯	喷水池
假山	避雷针	亭	碉堡	窨井　井
纪念碑	里程桩	旗杆	水塔	塔　烟囱　灯塔

图 3-3-3　不依比例尺表示的符号

平均树高 15 米,树的平均直径 0.15 米。

4.注记

城市、村镇、河流名称,水质咸淡,森林树高,河流流速,桥梁宽度和载重量等,难于用符号表达,需要用文字和数字加以说明,叫作注记。例如一条河流注记,表示河宽 15 米,水深 0.48 米。到下游又标记,则表示河宽 30 米,水深 3.5 米,便不宜徒涉了。水坝注记中分子表示坝长,分母表示坝高。

5.等高线

在地形图上,地貌的形态主要是用等高线显示的,因而首先应懂得等高线显示地貌的原理、特点和规定,才能掌握判读的要领。

(1)等高线表示地貌的原理。假设从底到顶,按相等的高度一层一层地用平面横截一座山,则山的表面便会留下一条条的弯曲线截口痕迹线。如再将这些截口痕迹线垂直投影到一个平面上,便呈现出一圈套一圈的曲线图形。因为每条曲线上各点的高度都相等,所以这种曲线叫等高线;各相邻两条等高线间的垂直距离相等,叫等高距。地形图就是根据这个道理来表示地貌的(见图 3-3-4)。

(2)等高线显示地貌的特点。在同一等高线上各点的高度相等,并各自闭合,互不相交(在陡崖处可能相交);等高线多的山就高,等高线少的山就低;等高线稀,坡度就缓,等

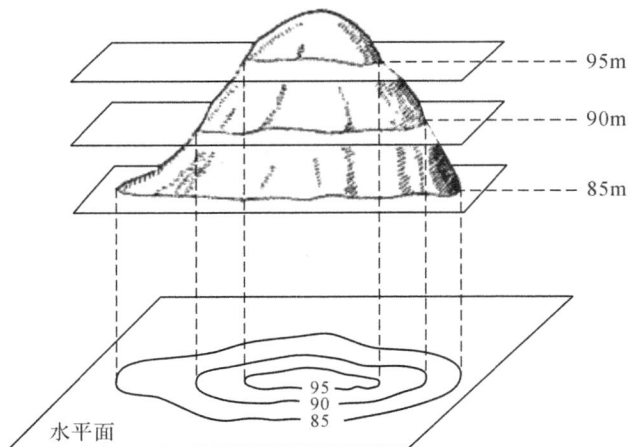

图 3-3-4　用等高线表示地貌的方法

高线密,坡度就陡;等高线的弯曲形状与实地地貌的形状相似。

（3）等高距。相邻两条等高线间的实地垂直距离叫等高距。同一地形等高距大,等高线就稀,地貌显示就越简略;等高距小,等高线就密,地貌显示就越详细。

（4）等高线的种类。①基本等高线（首曲线）,它是在地图上按规定等高距测绘的细实线,用以显示地貌的基本形态。②加粗等高线（计曲线）,它是每隔四条首曲线描绘的粗实线。用加粗等高线便于在图上计算高程。③半距等高线（间曲线）,它是按 1/2 等高距测绘的长虚线,用以显示首曲线不能显示的局部地貌。④辅助等高线（助曲线）,它是按等高距的 1/4 绘制的短虚线,用以显示间曲线还不能显示的局部地貌（见图 3-3-5）。

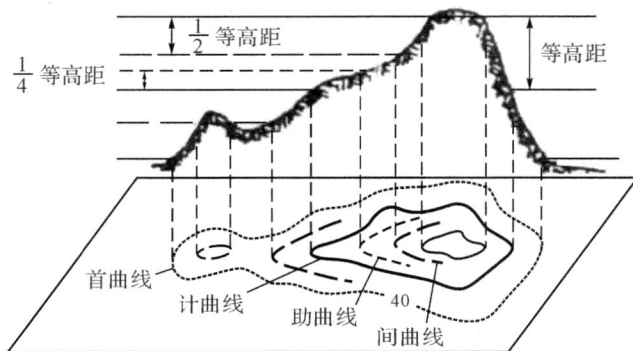

图 3-3-5　等高线的种类

（5）高程起算和注记。我国地面的高程是以黄海的平均海水面为基准起算面,由此起算的高程叫海拔。从某一个假定的基准面起算的高程，叫标高。两点间的高度之差叫高差。地形图上的高程注记以及控制点，山顶和地物点的高程注记，用黑色，字头朝向地图的北方；等高线的高程，用棕色，字头朝上坡方向。

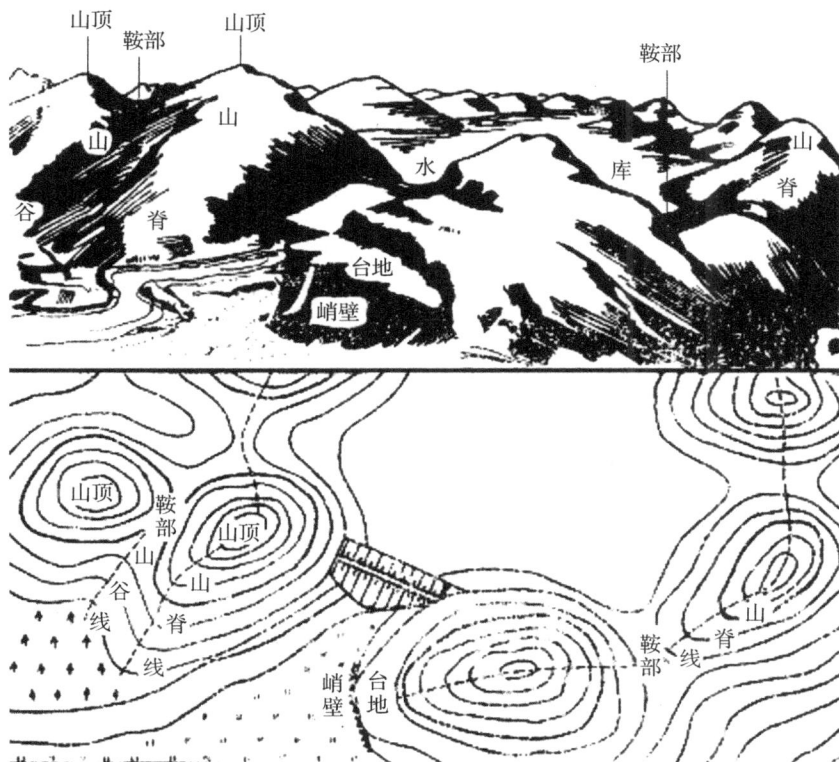

图 3-3-6　各种地形地貌图

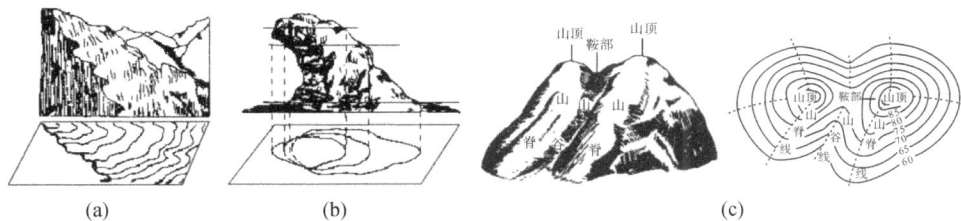

(a)　　　　　　　　(b)　　　　　　　　(c)

图 3-3-7　峭壁、悬崖、山脊、山谷和鞍部

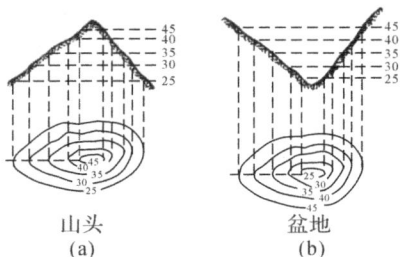

图 3-3-8　山头和盆地等高线

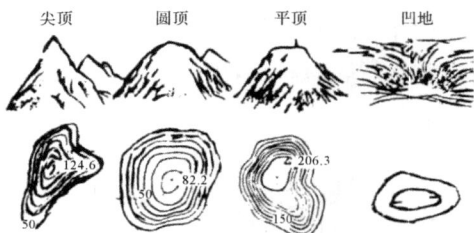

图 3-3-9　山头和凹地

三、山的各部形态

1. 不同地貌形态及其等高线图形

(1)山。用一组环形等高线表示,山的最高部分叫山顶,在图上是个小环圈。有时在环圈外侧绘有垂直于等高线的短线,叫示坡线(见图 3-3-10),它指向低的地方。

图 3-3-10　山

(2)山背。指从山顶到山脚之间的凸起部分,是一组以山顶为准向外凸的等高线图形(见图 3-3-11)。图上表示山背的等高线从山顶起向山脚凸出;凸出部分顶点的连线,叫分水线。

图 3-3-11　山背

(3)山谷。指两个山背或山脊见的低凹部分,是一组逐渐向山顶或鞍部方向凹入的等高线图形(见图 3-3-12)。各等高线凹入部分顶点的连线,叫合水线。

图 3-3-12　山谷

（4）洼地。低于周围地面且无水的地方，在图上用小环圈表示，通常在其等高线图形的内侧绘有示坡线（见图3-3-13）。

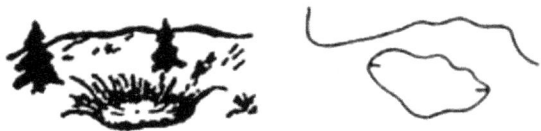

图 3-3-13　洼地

（5）鞍部。指相连两个山顶间形如马鞍状的低凹部分，图上由表示山谷和山背的两组相对称的等高线表示（见图3-3-14）。

图 3-3-14　鞍部

（6）山脊。是若干山顶、山背、鞍部相连所形成的凸棱部分，图上是由若干表示山顶和鞍部的等高线连贯起来表示的（见图3-3-15）。

图 3-3-15　山脊

（7）台地。斜面上的小面积平缓，是一组向下坡方向凸出的等高线（见图3-3-16）。

图 3-3-16　台地

（8）山垄。斜面上长而狭窄的小山背，是一组向下坡方向凸出的等高线（见图3-3-17）。

图 3-3-17　山垩

(9)山凸。斜面上短而狭窄的小山背,是一条向下坡方向凸出的等高线图形(见图 3-3-18)。

图 3-3-18　山凸

(10)丘。体积较小的只能以一条等高线表示的小山包(见图 3-3-19)。

图 3-3-19　丘

2.变形地及其在图上的表示

地表面因受地壳表动、流水、风力等的作用,局部地貌改变形状的部分,叫变形地。变形地的面积较小,而且坡度较陡,图上多用符号表示(见图 3-3-20)。变形地明显突出,具有良好的方位作用。

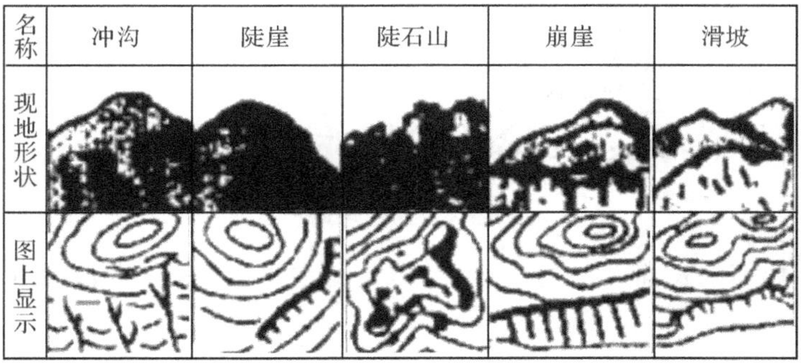

名称	冲沟	陡崖	陡石山	崩崖	滑坡
现地形状					
图上显示					

图 3-3-20　各种变形地

（1）冲沟。地面因雨水冲刷而形成的大小深沟称冲沟。冲沟的沟壁一般比较陡峭，攀登困难，在地图上根据其宽度分别用单线或双线表示，冲沟一般注记深度，如分数式注记，则分子为宽度，分母为深度。

（2）陡崖。高地斜面坡度接近垂直（大于70°）的陡峭崖壁叫陡崖，也叫断崖。符号的实线表示崖壁的上沿部位，注记数字为陡崖的高度。

（3）陡石山。崖石裸露的陡峭（坡度一般在70°以上）山脊、独立山石。山坡度小于70°时，则用等高线配合露岩地符号表示。

（4）崩崖。沙质或石质山坡受风化作用，向山坡方向崩落的沙土或石硝地段。

（5）滑坡。斜面表面因雨水或其他外力影响而滑落的地段。

四、指北针

指北针（或称指南针、罗盘）是测向运动员的必备器材（见图3-3-21）。指北针种类繁多，以往测向多使用"五一式"指北针。它除用于指示方向外，还附有直尺和测距滚轮，用于测量地图上两点间直线距离和图上曲线所反映的实地长度。它还附有测距器、坡度计，功能较多，使用也十分方便。但它存在笨重、指针晃动等缺点，近几年已逐渐被磁针盒内充满液体的塑料壳指北针所代替。这种指北针的指针受到液体的阻尼，即使在剧烈运动中，只要有几秒钟的停顿，指针就可以恢复平静并准确指向。

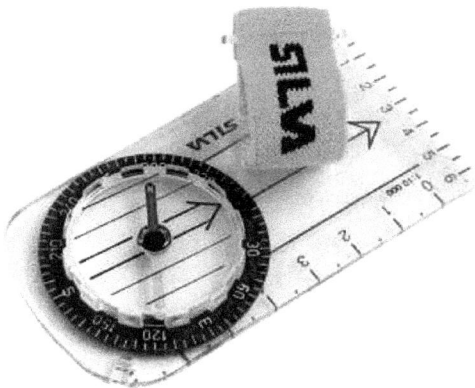

图3-3-21　指北针

指北针的选择和使用如下。

1.评价指北针的好坏，主要看指针稳定性的高低。稳定性高，指北针质量好；反之，质量差。

2.指北针的主体是由充满液体的容器组成，若发现有气泡产生，则指北针已经失效。

3.用一钢铁物体（如小刀）多次扰动磁针的平静，若磁针每次都能迅速摆动并停止于同一处,则表明磁针灵敏;反之则说明该指北针已不能使用。

4.使用指北针时,应避开各种电器、钢铁类物体。

5.指北针不能在磁力异常的地区使用。

五、标定地图

标定地图就是使地图的方位与现地一致。测向运动所使用的地形图,反映实地地形非常详细准确,但在使用中要把每个地物和实地都一一比照对应,就必须先标定地图。

标定地图的方法很多,常用的有以下几种。

1.利用指北针标定

地形图上一般都有一个指向北方的箭头。地图上北下南,左西右东的规定不变。使用中以直角坐标系网格中的垂直线为正南正北方向线。标定时,先旋正指北针刻度圈,使指北针的指标归零,再将指北针置于地图上,使指北针的标北(不是磁针的指向)同地图上的北一致(这时指针同刻度圈标北不一定重合),再缓缓旋动地图,带动指北针共同旋动,待磁针同标北符号一致时,地图方向与实际方向便一致了。

2.依据直长地物标定

所谓直长地物,就是又直又长的地物。如公路、铁路、水渠、土堤、通信线、输电线等等,都是直长地物。标定时,顺着直长地物的方向站好,先从图上找到这个直长地物符号,再转动地图,对照两侧地形,使图上和实地地物的方向一致,地图就标定了。但要注意使图上方位与实地一致,不要搞反了。

3.依明显目标点标定地图

凡是有突出特征的物体,都是明显地形点,如山顶、鞍部、烟囱、水塔、桥梁、岔路口、土堆、独立树等,都是明显地形点。标定时,先确定站立点在图上的准确位置,再选定一个远方明显的地形点,并将直尺边切于站立点和远方地形符号的中心;然后转动地图,使远方地形符号在前,通过直尺,向远方实地相应地形点瞄准,地图方位就标定了。

六、确定站立点

确定站立点,就是在现地用图中准确地找到自己站立的实地位置。确定站立点是运用远距离交叉、到位、分析找台顺序、选择道路、按地形图行进等技术的基础。不清楚站立点,这些技术便无法实施,地图等于一张废纸;站立点确定错误,地图就成了有害的东西,会引起许多麻烦,甚至导致严重的后果。

无线电测向运动中常用的确定站立点办法如下。

1.利用明显的地形点确定

例如,站立点是在山顶、鞍部、桥梁、岔路口、水塘等明显地形点上,从图上找出该点的符号,就是站立点在图上的位置。当站立在某地形点附近时,可以先标定地图,再对照周围的地形,找出其于站立点的关系,即可判定站立点在图上的位置。

2.利用直长地物确定

在直长公路、河堤上或高压线下时,利用这些直长地物确定自己站立在这种线上并不困难。要进一步确定是在这条线上的那一点,可用以下方法。

(1)截线法。先标定地图,在直长地物的一侧选定图上和实地都有的明显地形点,用直尺向地物点瞄准,并切在图上该地符号上,向后画方向线与直长地物相交处,就是站立点的图上位置。

(2)垂直线法。若明显地形点与站立点的连线正好垂直于直长地物,这时通过相应地形符号的定位点向直长地物符号作垂线,交点即所求的位置。

(3)选标线法。如实地地物点和站立点正好在一直线上,该两点的连线与直长地物符号交点即为图上位置。

确定站立点时应注意:第一,不论采取何种方法确定站立点,均应首先仔细分析研究站立点周围的地形,防止判错点位,用错目标。第二,选择地形点作已知点时,图上位置要准确。第三,标定地图后,在确定站立点的过程中地图方位不能变动,并应注意检查。

七、地形图与实地对照

标定地图和标定站立点后,应将地图与实地对照,通常采用目测法。先对照特殊明显的地形,后对照一般地形,再由近及远,由点到线,或逐段分片进行。对照平原地形,可先对照主要的道路、河流、居民地和高大突出的建筑物。在山地和丘陵可根据地貌形态、山脊走向,先对照明显的山顶、山脊,然后顺着山脊、山背、山脚和山谷的方向进行对照。在山岳丛林地区,由于通视不良,对照时应选择在较高的地形点上,对照过程中应勤走动,多注意附近地形的特征。

地形图的绘制总是跟不上建设的发展,图上内容与实地会有某些不符,一般是地物变化大,地貌变化小;交通枢纽和矿区变化大,偏僻地区变化小;城镇、村扩大,深山小村减少;公路、桥梁、水库、水渠增多,小庙、坟地减少。实地对照判读地形时,应顾及这些规律,仔细分析,得出正确的结论。

八、按地形图行进

在陌生的地区,如需选择一条最佳路线,迅速到达目标,对测向运动员来说,唯一的办法就是利用地形图行进。

1.行进要领

行进时要做到三明,即方向明、路线明、位置明。方向明,就是在出发点上,必须标定地图,对照地形,明确前进的道路和方向。路线明,就是在行进中,对行进的路线和里程,心中要始终有数。位置明,就是在行进中,特别是经过每个岔路口、转弯点和某些特殊的地形地物时,要随时判明站立点的图上位置和行进方向。总之,要切实做到"人在路上走,心在图上移"。

2.越野行进

越野行进时,由于地面起伏,障碍丛生,方位物较少,容易偏斜方向。行进时还应注意:①根据行进方向上的方位物,量出各段的距离和磁方位角,做好按方位角行进的准备。②行进时在出发点和转变点上都应标定地图,判明行进方向和方位物,选择便于通行的地形前进。③勤对照,多分析,随时明确站立点的图上位置。④发现走错了方向,应停止前进,查明原因;如能确定站立点,可选择就近路线迂回到原定路线,否则应返回发生错误的地点,重新前进。

在山丘丛林地区行进时,因山高、林密、谷深、路窄、通视不良,明显方位物少,行进困难,应注意做到:①有路不越野。尽量选择起伏较小,有道路和明显地形特征的路线行进。"宁走十里平,不走五里坡"是经验之旅。②走脊不走沟。应主要沿鞍部、山背、山脊等通视良好的地形前进,避开悬崖、陡壁、陡石山和深沟峡谷等地段。③迷路折回头。发现走错时,若不能准确判定站立点图上位置和标定方向,一般不要取捷径,以免造成更大错误。

第四章　无线电测向运动训练、评价与安全

第一节　无线电测向运动的训练

一、无线电测向运动训练目的

学校体育是我国以青少年为重点的全民健身体育和以奥运会为最高层次的竞技体育协调发展的结合部，是实现我国体育运动发展战略目标基础。学校无线电测向运动训练是利用课外时间，对部分在无线电测向运动有一定天赋和爱好的学生（运动员），以运动队、代表队等形式进行系统训练，全面发展身心素质，提高无线电测向运动水平而专门组织的体育教育过程，它是学校体育教学的延续，对全面贯彻我国教育方针和体育方针，实现学校教育目标和体育目标，推动无线电测向运动普及与提高具有重要意义。

无线电测向运动的训练目的是全面发展身体素质，增强体质，不断发展和提高无线电测向运动员体能及身体素质，促使身体各器官系统的机能提高；学习和掌握无线电测向运动的基本知识、技术和战术，不断提高无线电测向的竞技水平；培养有良好体育道德、顽强意志品质、丰富科学文化知识的群众体育骨干；积极创造优异的运动成绩，参加国内外的学校体育交流，推动学校体育运动的发展。

二、无线电测向训练的内容

无线电测向训练的内容包括室内训练、身体训练、外场训练三个方面。

1.室内训练的主要内容是学习无线电基础理论，研究、制作、维修测向运动中使用的器材；学习有关竞赛、训练的知识和文件；讨论和总结测向运动技术；记训练日记等。

2.身体训练是在全面发展运动员身体素质的基础上，提高专项素质，为正确运用测向技术，迅速提高测向运动成绩创造条件。

3.外场训练主要训练运动员掌握测向技术和战术，以适应竞赛的要求，为在竞赛中创造优异成绩服务。

外场训练可划分为单项训练和综合训练两类。

（1）单项训练。为提高某一种专项测向技术而实施的训练叫单项训练。它包括提高"瞄线"能力的训练、起点标图训练、记背地图等技术的训练；还包括近台区多台训练、提高到位率（包括远距离交叉定位、途中跑、道路选择、方位物选取等）、定向越野等综合运用几项技术的训练。单项训练的针对性强，组织实施比较方便，在初级训练中占有重要比例；对于技术成熟的运动员，单项训练也应占有相当比例。

（2）综合训练。综合训练是指基本按照竞赛规则的要求，布置一整套隐蔽电台供运动员寻找，以全面发展运动员技战术水平的训练。综合训练要求运动员根据教练员的意图和自己的实际情况，有计划、有重点地进行练习，加深体会，锻炼实战能力。每隔一个阶段，还应当通过组织模拟比赛，要求运动员赛前制定比赛计划、抽签决定出发顺序、赛后写小结等手段，对运动员施加心理压力，制造紧张气氛，培养运动员适应正式比赛的能力。训练场见图 4-1-1。

图 4-1-1　无线电测向场景

三、技术训练的阶段划分

运动训练学认为，运动训练具有长期性、系统性、分阶段的特点。在整个运动训练过程中，可以分为若干个阶段，每个阶段的训练任务、内容、方法、手段都有自己的特点。

运动训练的连续性，要求训练工作应该不间断地、系统地组织实施。应当根据专项特点和人们掌握技术技能的规律，通过连续的、系统的多年训练，逐步地提高运动技术水平和人体机能，以获得高度的竞技水平。运动训练过程的阶段性，是指可以把一个完整的运动训练过程有顺序地组织实施，逐步地实现阶段目标，最后达到总的要求。

无线电测向技术是相当繁杂的，不可能在短时间内全面掌握。从初学到入门再到熟练，大体需要两三年时间。在这一过程中，阶段是客观存在的。表现为不同时期具备不同的接受能力和不同时期存在着不同的训练难点和技术难点，只不过不同的人各具特点。例如对初学者来说,影响运动成绩的主要因素是近台区技术。他们常常在电台附近往返奔跑,显得不知所措。熟练的运动员在近台区所表现出的技术差异却不大,只要接近了电台,无论该台是深隐蔽还是浅隐蔽,都可以在一轮信号时间内找出。对他们来说,差别主要是找台顺序的合理程度和途中耗费时间的多少了。优秀运动员在近台区表现应付自如,只要不遇到特别严重的干扰的影响,可以"手到擒来",找台顺序极少发生大的失误;由于识别和使用地图能力很强,道路选择发生失误的可能性也不大。对他们来说,影响运动成绩的因素主要是到位技术和对特殊情况的处理能力。他们需要提高远距离确定各台位置的能力,以求经过细致而慎重的估算后,能够恰好在电台发信前一刻准确进入近台区,趁势一举抓获。优秀运动员在全过程中,极少松懈、犹豫,没有停顿和等待,表现出良好的"节奏"。可见,测向技术训练中存在阶段是现实的、客观的。在此基础上,对测向技术训练划分,提出了不同阶段的任务、难点和要求是必要的,也是可行的。

四、初期训练

初期训练是指对初学者入门阶段的训练。初期训练的任务是初步了解无线电测向运动的知识,特别是竞赛的程序和竞赛办法;学会使用测向机,掌握基本测向方法等,为进一步的训练打好基础。

在 80 米波段,测向机的使用要复杂一些,近台区技术内容也更多一些,所以初期训练一般在 80 米波段进行。将来在 2 米波段训练时,困难就不会太大。

1.初期训练的一般步骤

(1)持机训练

首先要训练运动员正确持机,了解测向机各种旋钮、开关的作用,学会听辨电台的呼号。

(2)体会性的单台训练

选择对电波传播方向没有影响的简单地形,将一部电台放在明显位置连续发信,并尽量使发射天线垂直于地面,以获得良好的垂直极化波,保证测向机方向线正确。练习收听信号并体会测向机的方向性,加深对测向机"8"字形方向图和心脏形方向图的理解;练习测方向线(测双向)和定边(测单向);在距电台周围 200 米内的不同距离上,反复体会近台区内信号强度和测向机方向性的变化;闭上眼睛进行操作,睁开眼睛检查测向线误差,也可以蒙上眼睛边测边向电台方向前进。通过体会性单台训练,使运动员熟悉测向机的性能,掌握测线、定边方法,增强对信号强度、方向线的感性认识。

(3)简单的近距离找台训练

有了以上的体验,便可进行简单的近距离找台训练了。在校园、公园、树林等地将电台简单隐蔽,连续发信,在离电台百米左右开始运用已掌握的技术去寻找,获得找台的初步体验。简单找台时,可以连续找多台,能更好地训练运动员的调谐信号的能力。

（4）单项技术训练

单项技术训练适用于不同技术水平的各个阶段。初期训练中单项训练的重点是近台区技术,例如交叉定点、方向线跟踪、扫音量等。

（5）寻找多台的训练

寻找多台的训练可以先在数百米的范围内进行,台间相距一两百米,然后逐步扩大到数千米范围,台距也可设置为 700 米左右到 3000 米不等。找台顺序由教练员预先规定。

2.初期训练中应当注意的问题

（1）切勿忽视技术动作

初期训练中,运动员热情高,进步快,但易犯急于找到电台而忽视技术动作的毛病,要抓好苦练基本技术和动作规范化(包括持机方法、单项技术的动作过程和动作要领等)这两个重要环节。

（2）不要设置刁台和怪台

初期训练中,运动员尚不具备综合运用各种测向技术的能力,对运动员的要求也限于掌握基本技术,并不希望他们有创新或形成自己的技术风格。因此隐蔽电台的设置不宜太难,天线一定要垂直架设,使运动员按规范动作去做便能找到电台。有收获、有进步,从而提高兴趣,坚定信心。

（3）注意解决接近电台困难的问题

初学者在较长距离的多台训练中会觉得接近电台困难。往往是电台发信时,可按测出的方向运动;一旦停止发信,就不敢前进,等待下次信号的出现或者误认为电台就在附近而提早搜索,而实际上距电台还很远。应指导运动员按"宁可跑过电台,再返回找台"方法的训练,并加强各种距离下的信号强度感觉的训练。

（4）多台训练比例不可过大

初期训练中组织多台训练的目的是加深体验,比例不可过大。

3.运动员要认真填写训练日记

作为一名运动员,认真学习他人的经验是重要的,认真地总结自己的经验同样也是重要的。记好训练日记是对测向运动员的起码要求。

每次训练后必须填写的内容包括:时间、地点、气象情况;训练内容、时间(必要时附图);身体反应和自我感觉等情况。

不定期填写的内容包括:综合训练中布台情况(角度、距离、地形、起终点),这种记录以草图加注释的办法会很方便、很清楚;记录体会和经验教训。

此外,过一段时间,还应综合地写一次小结,努力运用掌握的知识,把近阶段的心得体会提高到理论上进行分析和总结。

五、综合外场训练

综合外场训练是技术训练的重要手段。组织综合外场训练动用的人员、器材较多，每次训练占用的时间也长，比组织单项训练要困难。制定综合外场训练计划时应当考虑以下几个方面。

1. 每次练习都应明确体现训练目的

训练中，教练员常常向运动员讲授新技术、新理论，还要向运动员指出存在的技术问题。但仅靠理论指导是不够的，更重要的是要通过反复的练习去实现、去强化。许多综合技术问题，例如到位、找台顺序等，都是必须在综合训练中才能解决的。这就要求每次练习都应有针对性，有明确的目的。例如发现运动员屡次发生找台顺序错误，以致认识混乱、信心不足，便可以在综合训练中按典型格局布台，降低找台顺序难度，帮助运动员树立信心，避免形成心理障碍。当运动员中出现盲目地过早离开起点的倾向时，便可有意提高布台难度，巧妙地设计首找台位置。另外还要注意训练的多个环节衔接紧凑合理。

2. 要综合考虑运动量

运动员的身体素质，特别是专项素质，在外场训练中能得到很好的发展，但同时体能消耗也较大。值得注意的是，运动员在外场训练中，由于兴奋性强，虽体能消耗较多而当时不易觉察，因而连续的高难度长距离外场训练很容易造成运动员的过度疲劳。在综合训练中路程远近、道路难易、限时多少，都是调节运动量的重要方面，应当慎重考虑。总的运动量应当与同期的身体训练运动量综合考虑。

3. 训练场地的选择

无线电测向运动的特点要求在训练中经常改变训练场地。但这在实际中很难做到，在日常训练中只能通过起终点有选择的变换来增添新鲜感。起终点的选择要考虑到交通方便，减少环境对方向线的干扰。

4. 计时和排名次的考虑

应根据本场训练目的决定是否计时和排名。有时为了检查运动员到位和途中跑情况，还可以记录他们达到各台的时刻，计算运动员寻找各台的阶段时间。

5. 认真做好器材准备工作

要对训练用器材，例如信号源、天线、电池、测向机等进行仔细检查。必要时可印发地形图，还要考虑交通工具如何解决。

6. 制定具体的实施方案

方案中应当规定训练起止时刻、行动路线、集合地点，对参加训练的所有人员做出具体安排，并向运动员和电台操纵员做出简单而明确的要求。

第二节　无线电测向运动员选材

一、运动员选材

随着现代竞技体育运动的发展,对运动员个人条件要求越来越高。因此,世界各国对运动员选材问题都颇为重视,纷纷建立各种形式的选材制度,并应用现代科学技术,使经验选材与科学选材相结合,从人体形态、生理机能、遗传因素、运动能力评价、运动水平发展潜力、心理素质等方面去观察、评价和挑选,收到了显著成效。

选材的核心是预测,即运用经验和现代的科学手段预测选材对象未来的竞技能力。青少年测向训练中的选材,主要是通过预测,选出适合于培养成为优秀测向运动员的后备人才。

二、无线电测向运动员选材条件

1. 身体形态

多倾向于选身高高但又不失灵巧的体轻者。身高有利于增大步幅,灵巧有利于适应复杂地形,体重较轻的人在越野跑中比较省力。体形要求匀称修长,骨盆较窄,臀部肌肉紧缩向上,膝踝关节较小,双腿纤细,腱条清楚,足弓较高而弹性好。身高及体重发展趋势与遗传关系密切,为做好预测,应了解其父母的情况。

2. 生理机能

要求生长发育良好,身体健康,各器官协调发展,无先天缺陷。生理机能诸因素中,最重要的是心肺功能。因而在选拔运动员时,一定要把心肺功能指标作为最重要的条件,进行细致的反复观察和测试。最简单可行而又颇能说明问题的机能测验是测脉搏,具体有:

(1)安静时的脉搏频率,安静时的脉搏频率最好在早晨起床前测量,其单位是次/分。

(2)负荷后即时脉搏频率。一般是以运动停止后最初15秒的脉搏数乘以4作为即时脉搏频率。

(3)负荷后3～5分钟脉搏频率。在运动后休息3～5分钟再测量,所得的脉搏频率。安静时的脉搏频率最好在60次/分以下;负荷后即时脉搏频率也是低一些好;负荷后3～5分钟脉搏频率以回降较快者好,可列表加以对照。

3. 身体素质

测向运动员身体素质有耐力、速度、力量等,一般用1500米跑测验耐力,以60米(或100米)跑测验速度,以立定10级跳远测验力量。选材过程中须多次进行测验,并逐次逐项做好记录,以期通过比较做出尽可能准确的预测。一般来说,初测的数据可以说明基础条件,经过一段训练后测得的数据可以说明发展的潜力。

4.心理素质

无线电测向运动不仅要求运动员具有超常的心肺功能,同时也要求运动员有良好的心理素质。选材时要相应考虑到对象的气质、性格等心理特征。性格要活跃而沉着,有忍耐和钻研精神,有坚忍不拔的毅力和不怕吃苦,有适应不同环境的能力。在心理素质中,最为重要的是坚强的意志品质和顽强拼搏的精神。

5.其他

视力好,无色弱、色盲。家庭教育良好,品行端正,爱好无线电测向运动。

三、选拔办法

无线电测向运动员的选拔要经历泛选、筛选两个阶段。

泛选和初期训练是同期进行的。这是一个很重要的普及性的人才发现过程。教练员以目测和简单测量评价对象的身体形态和发育情况;通过向对象提问及家长、教师的介绍了解对象的心理、性格特征及品行、学习成绩;通过身体素质测验了解对象的身体素质及运动能力。选其中较好者参加初期训练。要尽量扩大选拔面,多吸收有兴趣和运动能力的学生从事初期训练。在初期训练中,教练员可以更直接地了解选拔对象的心理、性格特征,了解其技术接受能力和身体素质发展情况。由于器材或精力限制,不可能同期训练和观察更多的选拔对象,可以分批进行,逐人逐项做好观察和测验记录,最后再做出综合的分析评价。择优留队训练再进行筛选。

筛选是一个长期过程,往往要多次进行。事实上几乎所有的优秀运动员都不是从小就已肯定必然成材,而是像沙里淘金那样在训练过程中反复筛选出来的。要充分认识到训练过程同时也是一个筛选过程,务求细里求精。业余训练中的选材是一个重要而又困难的问题。因此必须在训练过程中及时进行淘汰和补充。

在选材过程中还应注意观察和发现运动员的潜能,特别注重对他们意志品质的观察。人才的成长除了先天条件外,更有赖于训练和培养。在训练中若刻苦耐劳、肯动脑筋,表现出良好的心理素质和信号反应能力,运动技术水平就会上升很快。

第三节　无线电测向运动员的专项身体素质训练内容与方法

一、身体素质训练的概念

身体素质训练是指在运动训练中,运用各种身体练习有效地影响运动员身体形态的变化、机能的提高和运动素质的发展的过程。身体练习是指各种运动动作。身体形态是指人体的外形,其主要指标有身高、体重、胸围、四肢比例等。身体机能是指有机体内器官系统的功能水平。运动素质是指在神经系统的控制下,身体活动所表现出的各种能力,通常分为力量、耐力、速度、灵敏、柔韧等。

二、无线电测向运动对运动员身体素质的要求

无线电测向运动对运动员身体素质的要求是多方面的,主要有速度、耐力和腿部力量。

1.速度

无线电测向运动员的速度,包括移动速度、转身速度、奔跑速度等。多数情况下,主要是指奔跑速度。奔跑速度是测向运动员必须具备的素质。在途中测向时,提高速度可以缩短时间,并有助于及时到位。在近台区,速度快的运动员可以获得更多的测定次数,提高交叉精度,跟踪时可取更长的跟踪距离,从而扩大跟踪范围。

2.耐力

运动员在一次全程测向中奔跑的路程大约是 6～10 千米,用时四五十分钟以上甚至两个小时。没有良好的耐力,会引起大脑供血氧不足,使分析、判断能力下降,增多失误,难以适应这项运动。

3.腿部力量

运动员在坎坷不平的田野、山林中奔跑,需要登山、跨越沟渠,对腿部力量的要求也是比较高的。

三、身体素质训练方法

1.力量素质训练

(1)力量素质。力量素质是指肌肉在活动时克服阻力的能力。肌肉克服阻力是通过运动员的肌力实现的。阻力包括外部阻力和内部阻力两个方面。外部阻力包括运动员负载物体的重量、摩擦力、空气阻力等;内部阻力指肌肉内部的阻力,如肌肉的黏滞性,各肌肉间用力的内抗性等。

力量包括绝对力量、相对力量、速度力量和力量耐力。无线电测向运动中的奔跑和冲刺需要力量耐力和速度力量。

(2)一般来说,重负荷、高强度、短时间的训练可以刺激肌肉,特别是深层的肌肉,使肌肉强壮、增大。但在增强力量的训练中,更多的是用本人最大力量的 2/3 左右的力量进行训练。因为这可以减轻运动员心理上的负担,防止外伤,保证练习中完成必要的重复次数和组数。在这样的训练中应当注意以下两点:第一,必须有一个训练的准备过程。一般来说,先从 30%～40% 的强度开始,逐渐增加,直至 75% 的强度。第二,在训练中间

可以穿插一些超75％的大强度训练,直至95％的强度。

（3）速度力量的训练。在速度力量训练中大多采用超等长练习,就是先将需要加强的肌肉拉长,然后再迅速做收缩动作。增强下肢速度练习的常用练习有蛙跳,长短距离的单、双足跳和跳深等（见图4-3-1、图4-3-2、图4-3-3）。

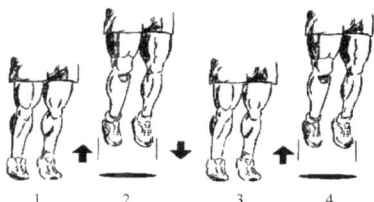

图 4-3-1 蛙跳　　　　　　图 4-3-2 兔子跳　　　　　图 4-3-3 纵跳

在进行这种练习时应注意以下几点:

第一,力量的增强不仅仅在于肌肉拉长的长度,更主要在于拉长后收缩的速度。

第二,不同的练习高度作用于肌肉的部位是不同的。一般来说,跳的高度较低,主要发展小腿后群肌肉;跳的高度较高,主要发展股四头肌。

第三,要做好准备活动,并逐渐增加强度,以防肌肉拉伤。

（4）力量耐力训练。在力量耐力训练中,要求负荷强度小,重复次数多,练习时间长。负荷的范围一般在运动员本身承担最大负荷的1/4以下,练习的重复次数要求达到或接近极限的程度,而练习的组数不一定过多。对测向运动员来说,登山和轻负荷上台阶（楼梯、看台等）便是一种很好的练习。做上台阶练习时,要注意时间连续,掌握好上到台阶顶部再返回底部重新练习时的间隔时间,不要过长。此外还可做较浅的蹲起练习,以及做双脚跳台阶、单脚交换跳台阶等。

2.耐力素质训练

耐力素质是指机体长时间活动与疲劳做斗争的能力。耐力素质一般分为有氧耐力和无氧耐力。有氧耐力是指机体在氧气供应比较充足时长时间工作的能力。提高有氧耐力的目的,从身体训练角度看,主要是增强心血管系统工作能力,提高机体摄取氧和运输氧的能力。无氧耐力是指机体在氧供应不足状态下工作的能力。从不同距离跑有氧与无氧代谢的百分比看,100 米、200 米、400 米跑属于典型的无氧代谢项目;5000 米、10000 米、马拉松跑属于典型的有氧代谢项目;而 800 米、1500 米跑是处于两种代谢之间的过渡性项目。无线电测向运动中,跑动距离远、运动时间长,而在途中摆脱对手时以及近台区、终点"冲刺"时又需要快速度,因而对运动员的有氧耐力和无氧耐力的要求都比较高。

靶心率＝静态心率＋[（220－年龄）－静态心率]×60％～80％,心率一旦超过靶心率,便认为该运动员已进入无氧工作状态。在日常训练中,为了简便,还常常使用150次/分左右的心率来控制运动员处于有氧训练状态。只在短时间内允许心率达到170次/分。

发展测向跑有氧代谢能力的方法主要有以下3种。

(1)持久跑训练法。持久跑要求较长时间的跑动,中途不间断、不休息,负荷量大,但强度保持在无氧训练心率范围内。一般安排距离至少在4千米左右,心率控制在140～150次/分。由于这种训练方法持续的时间较长,运动员容易感到单调、乏味,疲劳出现较早,所以一般用变速跑、越野跑、随意跑(又叫法特莱克跑)、匀速跑等方式的交替安排进行调节。持久跑的优点是血乳酸增加不明显,心脏的负荷规律稳定,对长距离跑所需的有氧代谢能力有显著效果。

(2)间歇跑训练法。这种训练的最大特点,是每一次练习后不让机体得到充分恢复就进行下一次练习,以便在休息时使心脏每搏输出血量达到最佳值,保证再次训练时心脏内有足够的血液输出。这对增强心脏机能和摄氧能力是十分有效的。间歇跑的方式也可以灵活掌握。根据运动强度,可以分为小强度间歇和大强度间歇跑;根据间歇时间长短,又可以为分长间歇跑和短间歇跑。这些训练方法,除发展有氧耐力外,对发展速度、无氧耐力均有一定效果。

(3)重复跑训练法。这种跑法就是多次重复规定的强度和距离。一般情况下,用这种方法来提高跑的强度,以加深对机体的刺激,促进无氧强度和专项耐力的提高。间歇到心率恢复到120次/分以下再重复下一次练习。例如,可以按测向竞赛中找一个台的途中跑距离(大约1～2千米),作为一次练习的距离。

耐力训练是测向运动员身体训练中最为重要的训练,也是最大量的训练。在耐力训练过程中,必须注意培养运动员的呼吸能力,特别要培养鼻呼吸和深呼吸的能力;注意对运动员意志品质的培养;要把有氧耐力作为无氧耐力的基础;要控制运动员的体重,以免增加心脏负荷和体力消耗。

3.速度素质训练

速度素质是指机体快速运动的能力。速度素质一般分为反应速度、动作速度和移动速度。无线电测向运动员身体训练中的速度训练主要是进行移动速度训练,特别是速度耐力的训练。

(1)移动速度训练

提高移动速度的途径有下面两条。第一,可以通过动力性力量的训练来提高移动速度。就是说要有计划地训练运动员获得快速运动所需的力量以及发挥力量的能力。移动速度取决于步长和步频。在跑的过程中,前腿的高抬需要髂腰肌和股四头肌快速有力的收缩,后腿的蹬伸需要臀大肌、梨状肌快速有力的收缩,而髋关节的稳定需要有力的腰腹肌群进行保持。在完成跑的动作时,这些有关肌肉的动作迅速而有力,才能提高步频,加大步长,提高速度。所以说动力性力量训练是提高速度的必要途径。

图 4-3-4　高抬腿　　　　　　　　图 4-3-5　后蹬跑

　　提高动力性力量的练习有高抬腿(见图 4-3-4)、小腿加负荷的高抬腿、后蹬跑(见图 4-3-5)用橡皮条牵拉形成阻力的腿前摆、后蹬伸等,还可以安排一些蹲起、小负重的蹲起,垫上的仰卧起坐、屈膝勾头两头靠、俯卧态的头脚两头起等。

　　在进行动力性力量训练过程中,要注意相应发展关节周围小肌肉群的力量,使大、小肌肉得到均衡协调的发展,以免关节受伤。跑动是多关节的运动,与之相关密切而又容易受伤的是踝关节、膝关节和腰椎,特别是踝关节。下肢关节和脊柱小肌肉群训练的练习有垫上技巧器械悬垂摆荡,站立姿势双手持实心球向前、后、侧抛,横向跨步,小沟渠上的横向跨跳,侧向滑步及滑步—急停—转向滑步,提踵等,还可以以运动员自我可控制的速度在坑洼不平的路面、卵石路面上跑步。只要在训练中注意小肌肉群训练,便可以提高各关节的保护能力,避免伤病。

　　第二,提高移动速度的途径是跑。对跑的训练要求是:强度大,距离短,每组练习中次数不太多,间歇时间短。例如,以 90%强度进行 60 米跑,共 6 组,每组 3 次,组间间歇2～3分钟。

　　(2)速度耐力训练

　　速度耐力是指较长时间内做快速运动的能力。无线电测向运动中途中加速到位,途中摆脱对手、近台区长距离跟踪时的持续高速奔跑,都需要这种能力。在上述情况下奔跑距离大约在 400 米以内。练习时选择每次跑的距离也应在 400 米左右。还可以用负重训练来提高速度耐力。重量一般为本人最大负重量的 80%,每次练习 1～2 分钟。

第四节　无线电测向运动健身效果的评价和运动员技术等级标准

一、无线电测向运动健身效果的评价

1.评价的概念

评价是根据测定所获得的数据或指标,运用有关的标准或理论,对健身效果和过程进行判断的过程。健身效果的测定和评价有助于克服运动的盲目性,明确锻炼者在身体各机能、身体素质和运动能力方面的基础条件,对科学地确定锻炼的内容、方法和负荷量度,获得最佳身体锻炼效果等均具有重要的意义。主要有主观测评、客观测评、单一指标测评和多指标综合测评四种评价方法。

(1)主观测评

主观测评即评价人根据观察、感觉和个人经验等来评价锻炼效果,既可由锻炼者个人进行,也可由他人进行,特点就是简便易行。

(2)客观测评

客观测评是借助于测试仪器设备,用规范的方法获得精确的数据,用一定的标准去评价锻炼效果。

(3)单一指标测评

单一指标测评,是只选择一个指标对身体锻炼的某一方面效果进行测评。如长跑锻炼中采用时间测评法,减肥锻炼中采用体重测评法。这种测评方式较为简便,针对性强,能较灵敏地反映身体锻炼后某一方面机能和能力的改善情况。

(4)多指标综合测评

多指标综合测评是根据锻炼者体质和身体锻炼的特定需要出发,精选若干个测定指标,组成一个测定体系,对锻炼对象进行测定,再利用一定的权重关系对锻炼者身体锻炼情况做出综合评判,如《大学生体质健康标准》等。

2.健身效果的评价方法

(1)锻炼负荷的主观评定

要确定合理的锻炼负荷,必须依据个人承担负荷的能力。由于锻炼者的体质状况有明显差异,承担负荷的能力也各不相同。锻炼负荷的主观评定,有助于把握锻炼者的承担负荷能力,为科学安排锻炼负荷提供依据。

①主观感觉

如果运动负荷安排适宜,则锻炼者的主观感觉应该是精神饱满,体力充沛,倍感舒服,渴望运动。如果运动后感到精神不振,锻炼兴趣降低乃至厌烦,且有无力、困倦、头晕、容易激动等不良征象,以及出现局部关节肌肉酸疼疲软、麻木,胸部憋闷、气短、腹胀、恶心、呕吐等,说明锻炼负荷过大或内容安排不合理。这时应停止锻炼,迅速查明原因,请医生治疗。

②排汗量

人体皮肤会不断地排出汗液。据测定,人体一昼夜共排出约700毫升的汗液,散发约400千卡的热量。运动时由于新陈代谢加快,产热增加,汗的分泌就成为人体主要的散热形式。

当运动负荷适宜时,人体可有微汗或中等程度的出汗。如果负荷过大,机体过于疲劳,则锻炼者会满头大汗,浑身湿透,颊部出现盐迹,甚至夜间盗汗。观察在运动中的排汗量,是一种监测运动中负荷是否适宜的有效方法。

用排汗量监测负荷时需注意:

第一,出汗是随运动负荷增加所出现的一种伴随现象,是锻炼身体所必要的。

第二,运动中出汗较多对于锻炼是必要的。但是,急于求成而增加锻炼时间造成大量出汗,会使机体一时失水过多,对机体的代谢不利。

第三,出汗量受年龄、性别和锻炼水平的影响,并有明显的个人特点,要根据个人承担负荷的能力来确定排汗量的程度。

第四,排汗量的多少直接受气温气压的影响,也与饮水的多少有关。夏天气温高,饮水较多,汗液分泌较多。冬天天气寒冷,汗液分泌较少或不显汗。这时,只要机体的其他指标适宜,运动负荷仍可能是适宜的。

③情绪

情绪是人对客观事物是否符合人的需要而产生的体验,是身体健康状态的"晴雨表",同时也是衡量人体承担负荷情况的一种的主观指标。一般来说,人体具有运动的需要,当这种需要得到满足时,人就会产生愉快的情绪体验。当运动负荷比较合适,在运动锻炼后,人的精神饱满,情绪乐观,说明健康状况良好。当运动负荷过大,或身体状况不佳,则会情绪低落,精神不振,焦躁不安,不愿说话等。当这种情绪发展得较为严重时,则应引起重视,及时调整运动负荷和改进锻炼方法,特别要降低运动的强度。

④食欲

人体在从事无线电测向运动过程中,其能量消耗是很大的。一般来说,如果锻炼后生理反应正常,健康状况良好,人的食欲是很旺盛的,食量也会增加。相反,如果运动负荷过大,生理反应异常,健康状况不佳时,就会出现食欲不振。因此,食欲是一种重要的运动负荷监测指标。

⑤睡眠状况

睡眠是反映人体健康状况和身体运动负荷大小的重要指标。睡眠状态不佳本身就是疾病的表征。人体从事适宜的体育运动后,大脑皮层和全身各器官系统会产生一定的疲劳,睡眠是大脑皮层保护性反应和消除疲劳的必然过程。如果身体锻炼负荷适宜,一般应睡眠良好,睡得深沉,较少做梦,觉醒后感到精力充沛,处于良好的工作和应激状态。如果身体锻炼的负荷过大或不太适应,或者由于病变的影响,则可能导致失眠、多梦或嗜睡等不良现象,觉醒后仍感到精力不支。

⑥学习效率

如果锻炼负荷适宜,锻炼效果明显,则会对学习效率起促进作用。在学习中就会精力旺盛,思想集中,思维敏捷,记忆清晰,求知欲旺盛,适应能力强,有信心。如果运动负荷安排不当,疲劳加深,学习中就会心浮气躁,记忆力衰退,注意力不集中,主动性不强。

（2）锻炼负荷的客观评定

①脉搏的测定与评价

脉搏测定主要有基础脉搏、安静时脉搏和运动前后脉搏。测定方法是：以食指、中指、无名指轻压在受测者的桡动脉上，以 10 秒钟为单位连续计数，然后再乘以 6，得出受测者每分钟的脉搏频率。

基础脉搏要在清晨醒来但未起床的情况下测定。经常锻炼者基础脉搏可以少到每分钟 40～50 次。如果连续几天发现基础脉搏偏高，则说明该期间身体运动负荷过大，身体有疲劳，需要休息或调整运动形式。

练习中和练习前后脉搏的测定主要用以控制身体练习的负荷。大学生可以根据自己即刻心率数，在表 4-3-1 中查出自己的运动强度是多少，再加上你这次运动的时间，就可在表 4-3-2 中找到你这次锻炼的运动量，是大运动量，还是小运动量。

表 4-3-1　18～29 岁心率和运动强度对照表

心率（次/分）	190	175	165	150	140	135	130	125	120	115
强度（%）	100	90	80	70	65	60	55	50	45	40

表 4-3-2　运动强度、锻炼时间的运动量对照表

运动强度 \ 运动时间 / 运动量	5 分钟	10 分钟	15 分钟	20 分钟	30 分钟	45 分钟	60 分钟
大	90	85	80	75	70	65	60
中	85	75	70	65	60	55	50
小	70	65	60	55	50	45	40

运动结束后脉搏的测定有助于衡量机体对运动负荷的适应情况和机体的恢复能力。运动后第 1 分钟、第 3 分钟、第 5 分钟、第 10 分钟各测一次，描记出恢复脉搏曲线。在积累较多数据的基础上，就可以分析和评价运动负荷安排情况和身体恢复情况。

②体质综合评价

体质综合评价是根据身体形态、机能、素质和运动能力的若干指标，按规范要求进行测定，然后根据相应的数学模型，对其体质状况加以综合评价。《大学生体质健康标准》测试就是一个很好的体质综合评价测试，主要包括身高、体重、肺活量、坐位体前屈、引体向上（男）、1 分钟仰卧起坐（女）、立定跳远、800 米（女）、1000 米（男）等指标。根据受测者全部项目测定的总分进行评定，标准分为优秀、良好、合格和不合格。只有所测项目获得一定的分数，才能达到相应的标准。

二、无线电测向运动员技术等级标准

1. 国际级运动健将

世界锦标赛个人前三名。

2. 运动健将

成年组运动员,凡符合下列条件之一者,一年内经无线电理论考试,成绩合格者,可授予运动健将称号。

(1)世界锦标赛个人第四至八名。

(2)亚太地区锦标赛、不少于五个国家和地区参加的国际比赛个人前三名。

(3)全国锦标赛成年组全能第一名。

(4)全国体育大会个人第一名。

(5)全国科技运动会个人第一名。

(6)全国体育大会、全国科技体育运动会、全国锦标赛连续两届成年组全能第二至三名。

3. 一级运动员

凡符合下列条件之一,在一年内通过无线电理论考试或电子制作成绩合格者,可申请授予一级运动员称号。

(1)全国锦标赛成年组全能第二至四名、个人前五名。

(2)全国体育大会个人第二至五名。

(3)全国科技运动会个人第二至五名。

(4)全国锦标赛(青年组)、全国青少年锦标赛(青年组)连续两届全能、个人前二名(其中有一届为第一名)。

4. 二级运动员

凡符合下列条件之一者,可申请授予二级运动员称号。

(1)全国锦标赛(青年组)全能、个人前四名。

(2)全国青少年锦标赛(青年组)全能、个人前四名或接力赛第一名,少年组全能个人第一名、接力赛第一名。

5. 三级运动员

凡符合下列条件之一者,可授予三级运动员称号。

(1)全国锦标赛单项个人赛规定时间内找满指定台数者。

(2)省、自治区、直辖市体育局主办的综合性运动会,省、自治区、直辖市体育局或与教育部门合办的锦标赛标准距离成年组全能、个人前三名,青年组标准距离全能、个人第一名。

第五节　无线电测向运动中常见运动损伤的预防与处理

一、运动损伤概论

运动损伤是指在运动过程中所发生的各种损伤。它是运动医学的重要组成部分。其主要任务是预防和治疗运动中的损伤,研究损伤发生的原因、机理、规律。

1.运动损伤的分类

运动损伤分类方法很多。

(1)按伤后皮肤或黏膜完整与否分类

①开放性损伤。即伤处皮肤或黏膜的完整性遭到破坏,有伤口与外界相通,如擦伤、刺伤、切伤及撕裂伤等。

②闭合性损伤。即伤处皮肤或黏膜无破损,没有伤口与外界相通,如挫伤、肌肉拉伤及关节韧带损伤等。

(2)按伤后病程的阶段性分类

①急性损伤。指一瞬间遭到直接暴力或间接暴力造成的损伤,如肌肉拉伤、关节韧带扭伤等。

②慢性损伤。指局部过度负荷,多次微细损伤积累而成的损伤,或由于急性损伤处理不当转化来的陈旧性损伤,如肩袖损伤,髌骨软骨软化症等。

(3)按受伤的组织结构分类

损伤何组织即为何损伤,如肌肉与肌腱损伤,皮肤损伤,关节、骨损伤,滑囊损伤,神经损伤等。

(4)按伤性轻重分类

①轻伤。不影响工作和训练。

②中等伤。24 小时以上不能工作或训练。

③重伤。须住院治疗。

2.运动损伤的原因

造成运动损伤的原因是多方面的,既与锻炼者的基础、技能水平有关,也与运动项目的特点,技术难度以及运动环境等因素有关。其主要原因有:

(1)思想麻痹大意是所有运动损伤因素中最主要的因素。其中包括运动前不检查器械,预防措施不得力,好胜好奇,在盲目和冒失中受伤。

(2)运动前准备活动不充分,特别是缺乏针对性准备活动,使运动器官、内脏器官机能没有达到运动状态而造成损伤。

(3)运动情绪低下,或在畏难、恐惧、犹豫以及过分紧张时发生伤害事故。有时因缺乏运动经验,缺乏自我保护能力。

(4)内容组合不科学,方法不合理,纪律松散以及技术上的错误等都可能引起损伤。

(5)运动场地狭窄,地面不平坦,器械安置不当或不坚固,锻炼者拥挤在一起或多种项目在一起活动,容易相互冲撞所致。

(6)空气污浊、噪音,光线暗淡,气温过高或过低,以及运动服装不合要求等原因,都可以直接或间接造成伤害事故。

3.运动损伤的发生规律

掌握运动损伤发病规律,采取适当的预防措施,从而降低运动损伤的发生率,对预防与治疗运动损伤有重大的意义。

运动损伤的发生可因运动项目的不同而不同,有一定规律,之所以不同运动项目会发生身体不同部位的损伤,主要是由两个潜在因素所决定的:运动项目的特殊技术要求;运动员身体某部位存在的解剖生理弱点。当这两个因素由于某种原因同时起作用时,即易发生运动损伤。例如:篮球运动员易伤膝,这是由于篮球运动员经常处于膝关节半屈位(130～150度)时左右移动、进攻、防守、踏跳、上篮等,使膝关节发生屈曲、扭转、摩擦等,而膝关节半屈位正是它的解剖弱点,此时韧带及肌肉放松,关节杠杆长,导致关节稳定性相对较弱,因而易发生膝部软组织损伤(如韧带、半月板损伤和髌骨劳损等)。

4.运动损伤的预防

(1)加强运动安全教育,克服麻痹思想,提高预防意识。

(2)认真做好准备活动,对可能发生运动损伤的环节和易伤部位,要及时做好预防措施。

(3)合理组织安排锻炼,合理安排运动量,防止局部运动器官负担过重。

(4)加强保护与帮助,特别要提高自我保护能力。如摔倒时,立即屈肘低头,团身滚动,切不可直臂或肘部撑地。由高处跳下时,要用前脚掌着地,注意屈膝,弯腰,两臂自然张开,以利于缓冲和保持身体平衡。

二、骨折的急救

在外力的作用下,骨骼连续性或完整性遭到破坏叫骨折。在剧烈运动中,特别是对抗性强的运动中,骨折比较常见。

1.骨折的分类

(1)按骨断端是否与外界相通分

①闭合性骨折:骨折断端与外界不相通,骨折处皮肤完整。

②开放性骨折:骨折断端与外界或空腔器官相通。易感染,可合并骨髓炎或败血症。

(2)按骨折线分

可分为横形、斜形、螺旋形、粉碎性骨折等。

（3）按骨折的程度分

①完全骨折：骨折断端完全断开，如横形骨折、粉碎性骨折等。

②不完全骨折：骨折断端部分断裂，如疲劳性骨折，颅骨骨折、青枝骨折等。

2.骨折的原因

（1）直接暴力：骨折发生在暴力直接作用的部位。如跌倒时引起髌骨骨折，足球两人对足引起胫骨骨折等。

（2）间接暴力：骨折发生在远离暴力接触的部位，如摔倒时手掌撑地而发生前臂或锁骨骨折等。

（3）肌肉强烈收缩：由于肌肉急骤地收缩和牵拉而发生的骨折，如举重运动员突然的翻腕动作，可因前臂屈肌群强烈收缩而发生肱骨内上髁撕脱骨折；跨栏时引起大腿后群肌肉起点部坐骨结节的撕脱骨折等。

（4）积累性暴力：如在硬地上跑跳过多引起胫腓骨疲劳性骨折；体操运动员支撑过多引起尺桡骨疲劳性骨折等。

3.骨折的急救处理

（1）急救原则：对骨折病人的急救原则是防治休克，保护伤口，固定骨折。即在发生骨折时，应密切观察，如有休克存在，则首先是抗休克，如有出血，应先止血，然后包扎好伤口，再固定骨折。

（2）临时固定骨折时，用夹板、绷带将折断的部位固定包扎起来，使伤部不再活动，称为临时固定。其目的是减轻疼痛，避免再伤和便于转送。

①临时固定的注意事项

a.骨折固定时不要无故移动伤肢，为暴露伤口，可剪开衣裤、鞋袜，对大小腿和脊柱骨折，应就地固定，以免因不必要的搬运而增加伤员的痛苦和伤情。

b.固定时不要试图整复，如果畸形严重，可顺伤肢长轴方向稍加牵引。开放性骨折断端外露时，一般不宜还纳，以免引起深部污染。

c.固定用夹板或托板的长度、宽度，应与骨折的肢体相称，其长度必须超过骨折部的上、下两个关节，如没有夹板和托板，可就地取材（如树枝、木棍、球棒等），或把伤肢固定在伤员的躯干或健肢上。夹板与皮肤之间应垫上棉垫、纱布等软物。

d.固定的松紧要合适、牢靠，过松则失去固定的作用，过紧会压迫神经和血管。故四肢固定时，应露出指（趾），以便观察肢体血流情况。如发现异常（如肢端苍白、麻木、疼痛、变紫等）应立即松开重新固定。

②各部位骨折的临时固定

1.上肢骨折

锁骨骨折：用两个棉垫分别置于双侧腋下，然后用双环包扎法或"8"字形包扎法，最后以小悬臂带将伤肢挂起。

肱骨骨折:用2～4块合适夹板固定上臂,肘屈90°,用悬臂带悬吊前臂于胸前,最后以叠成宽带的三角巾把伤肢绑在躯干上加以固定。如无夹板,可用布带将上臂包缠在胸部侧方,并将前臂悬吊胸前。

前臂及腕部骨折:用1～2块有垫夹板在掌背侧固定前臂,屈肘90°,前臂中立位用大悬臂带悬吊胸前。

手部骨折:用手握纱布棉花团或绷带卷,然后用有垫夹板或木板置于前臂掌侧固定,用大悬臂带悬吊于胸前。

b.下肢骨折

股骨骨折:用长短两块夹板,分别置于伤肢外侧和内侧,外侧上自腋下,下达足跟,内侧自大腿根部至足部。夹板内面应垫软物,然后用布带进行包扎固定,在外侧作结。如无夹板,可将两腿并拢捆在一起。

髌骨骨折:在腿后放一夹板,自大腿至足跟,用布带在膝上,膝下和踝部将膝关节固定在伸直位,防止屈曲。

胫腓骨及踝部骨折:用夹板1～2块,上自大腿中部,下达足跟部,或用一长钢丝托板,上自大腿中部,下至足跟部转成直角,包扎固定。

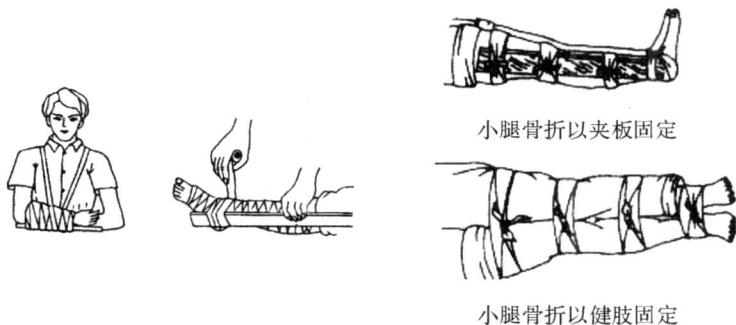

小腿骨折以夹板固定

小腿骨折以健肢固定

图 4-5-1　固定

c.脊柱骨折

腰椎骨折:疑有腰椎骨折时,要尽量避免骨折处有移动,更不能让伤员坐起或站起,以免引起或加重脊髓损伤,不论伤员是仰卧或俯卧,尽可能不要变动原来的位置。用硬板担架或门板放在伤员身旁,由数人协力轻轻把伤员搬至木板上,取仰卧位,并用数条绷带把伤员缚扎在木板上。若腰部悬空时,应在腰下垫一小枕或卷起的衣服。若使用帆布担架时,伤员要俯卧,使脊柱伸直,禁止屈伸。

颈椎骨折:若固定与搬动方法不当,有引起脊髓压迫的危险,可立即发生四肢与躯干的高位截瘫,甚至引起死亡。因此,务必使头部固定于伤后位置,不屈不伸不旋转,数人协力把伤员搬至木板上,头部两侧用沙袋或卷起的衣服固定,用数条绷带把伤员缚扎在木板上,严禁头颈左右旋转与屈伸。

三、关节脱位的急救

脱位或脱臼是指关节面失去正常的联系。关节脱位可分为损伤性脱位、先天性脱位、习惯性脱位、病理性脱位、开放性脱位和闭合性脱位,以及完全脱位与不完全脱位等。关节脱位同时可伴有关节囊、骨膜、关节软骨、韧带、肌腱等组织的损伤或撕裂,严重时还会伤及神经或伴有骨折。

1.关节脱位的原因

关节脱位在运动中大多是由于间接外力所致。如摔倒后用手撑地,可引起肘关节或肩关节脱位。

2.关节脱位的急救

关节脱位后,关节内发生血肿,如果复位不及时,血肿会机化而发生关节粘连,使关节复位增加困难。因此,脱位后应尽早进行整复,不但容易成功而且有利于关节功能的恢复。若不能及时复位则应立即用夹板和绷带在关节脱位所形成的姿势下进行临时固定,保持伤员安静,尽快送医院处理。

在运动损伤中以肩、肘关节脱位为常见,其临时固定方法如下。

图 4-5-2　肩关节脱位临时固定

(1)肩关节脱位

可用大悬臂带悬挂伤肢前臂于屈肘位(见图 4-5-2)。

(2)肘关节脱位

最好用铁丝夹板弯成合适的角度,置于肘后,用绷带固定后再用大悬臂带挂起前臂。如无铁丝夹板,可直接用大悬臂带固定伤肢。若现场无三角巾、绷带、夹板等,可就地取材,用头巾、衣物、薄板、竹板、大本杂志等作为替代物。

四、休克的急救

运动损伤的急救,是在运动现场对伤员采取迅速合理的急救方法,不仅能挽救伤员生命,减轻痛苦和预防并发症,而且可以为进一步治疗及康复创造良好条件。

1. 休克和休克的现场处理

休克是机体受到各种有害因素的强烈侵袭而导致有效循环血量锐减,主要器官组织血液灌流不足所引起的严重全身性综合征。

(1)休克的原因

休克产生的原因很多,运动损伤中并发的休克主要是创伤性休克,多为严重创伤引起的剧烈疼痛,如多发性骨折、睾丸挫损、脊髓损伤等,主要是通过神经反射使周围血管扩张,血液分布的范围增大,造成相对的血容量不足,脊髓损伤可以阻断血管运动中枢与周围的血管间的联系,使血管扩张,引起休克。其次为出血性休克,由于损伤引起急剧体内外出血造成大量失血。失血浆、失液均可导致循环血量减少而发生休克。如腹部挫伤致肝脾破裂的内出血,股骨骨折合并大动脉的外出血等。

(2)休克的发病原理

休克的发病原理是有效循环血量不足,引起全身组织和血流灌注不良,导致组织缺血缺氧,代谢紊乱和脏器功能障碍(包括心脑、肺、肾等重要器官功能障碍)。

2. 休克的急救

对于休克病人要尽早进行急救。应迅速使病人平卧安静休息。患者的体位一般采取头和躯干部抬高 10 度,下肢胎高约 20 度的体位,这样可增加回心血量并改善脑部血流状况。松解衣物,保持呼吸道畅通,清除口中分泌物或异物,给病人保暖,但不能过热,以免皮肤扩张,导致血管床容量增加,使回心血量减少,影响生命器官的血液灌注量和增加氧的消耗。在炎热的环境下则要注意防暑降温,同时尽量不要搬动病人;若伤员昏迷,头应侧偏,并将舌头牵出口外,必要时要吸氧和行口对口人工呼吸,并针刺或揿点人中、百会、合谷、内关、涌泉、足三里等穴。与此同时,应积极去除病因,如由于大量出血引起的休克,应立即采取有效的方法止血;由于外伤、骨折等剧烈疼痛所引起的休克,应给予镇痛剂和镇静剂,以减少伤员痛苦,防止加重休克;骨折者应就地上夹板固定伤肢。

以上是一般的抗休克措施,由于休克是一种严重的、危及生命的病理状态,所以在急救的同时,应迅速请医生或及时送医院处理。对休克病人应尽量避免搬运颠簸。

五、软组织损伤的处理

这类损伤可分为开放性损伤和闭合性损伤。前者有擦伤、撕裂伤、刺伤等;后者有挫伤、肌肉拉伤等。

1. 擦伤

(1)原因与症状。皮肤被粗糙物摩擦引起皮肤表面损伤。如跑步摔倒时或体操运动时身体擦磨器械受伤。擦伤后皮肤出血或组织液渗出。

(2)处理。小面积擦伤,可以用红药水涂抹伤口即可。大面积擦伤,先用生理盐水洗净,再涂抹红药水,再用消毒布覆盖,最后用纱布包扎。面部擦伤最好不用紫药水等染色剂涂抹,因为用后可能在数月内染色不退,有碍美观。如膝关节处皮肤擦伤,先要洗净,然后用消炎油膏涂抹,盖上无菌纱布,包扎固定,必要时缠上绷带。

2. 撕裂伤

(1)原因与症状。在剧烈运动时,或受到突然强烈的撞击时,造成肌肉撕裂。其中包括开放性损伤和闭合性损伤。常见有眉际撕裂、跟腱撕裂等。开放性损伤顿时出血,周围红肿。闭合伤触及时有凹陷感和剧烈疼痛。

(2)处理。轻度开放性损伤,用红药水涂抹即可;裂口大时,则需止血和缝合伤口,必要时注射破伤风抗毒血清,以防破伤风症。如肌腱断裂,则需要手术缝合。

3. 挫伤

(1)原因与症状。因撞击器械或练习者之间相互碰撞而造成挫伤。单纯挫伤会在损伤处出现红肿,皮下出血,并有疼痛。内脏器官受伤时,则会出现头晕、脸色苍白,出虚汗,四肢发凉等现象,严重者甚至出现休克。

(2)处理。在 24 小时内冷敷或加压包扎(见图 4-5-3),抬高患肢或外涂中药。24 小时以后,可按摩或理疗。进入恢复期可进行一些功能性锻炼。如果怀疑内脏损伤,则临时处理后,送医院检查和治疗。

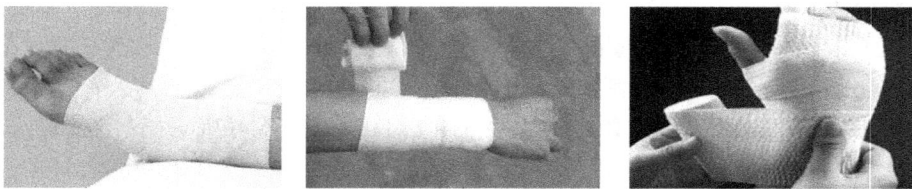

图 4-5-3 包扎

4. 肌肉拉伤

(1)原因与症状。通常在外力直接或间接作用下,使肌肉过度主动收缩或被动拉长时引起肌肉拉伤。特别是准备活动不充分,动作不协调以及肌肉弹性、伸展性、肌力差者更易拉伤,损伤后伤处肿胀、压痛、肌肉痉挛,触诊时可摸到硬块。严重的肌肉拉伤是肌肉撕裂。

(2)处理。轻者可即刻冷敷,局部加压包扎,抬高患肢。24 小时后可施行按摩或理疗。如果肌肉已大部分或完全断裂者,在加压包扎急救后,固定患肢,立即送医院手术缝合。

六、关节、韧带扭伤的处理

扭伤是由于受到外力的冲击,使关节和韧带产生非正常的扭动而致伤。

1.原因与症状

受外力的触击或撞击;运动时身体落地重心不稳向一侧倾斜或踩在他人足上或高低不平的地面上而致伤。伤后局部能力立即丧失,有明显肿胀、疼痛等。

2.处理

(1)伤后立即抬高患肢,伤情严重的要立即冷敷或用自来水冲淋,加压包扎,固定休息,使毛细血管收缩,防止肿胀。

(2)24小时后即可拆除包扎,可采用热敷、理疗,使毛细血管扩张,促进血液循环。

(3)严重扭伤,如韧带断裂、关节脱位,应尽快到医院缝合或做固定处理。

七、中暑

中暑是因高温环境或受剧烈的暴晒而引起的疾病。

1.原因

当人在运动时,体内代谢过程加速,产生热量增加,人体借助于皮肤毛细血管扩张、血流加速、汗腺分泌增加以及呼吸加快等,将体内产生和热量送达体表,通过辐射、传导、对流及蒸发等方式散热,以保持体温在正常范围内,当气温超过皮肤温度(一般为32℃以上)或空气中湿度过高通风又不良时,人体内的热难于通过辐射、传导、蒸发、对流等方式散发,甚至还会从外界环境中吸收热,造成体内热量贮积,从而引起中暑。

2.症状

中暑的临床表现,可分为:

(1)先兆中暑。患者大量出汗、口渴、头昏、眼花、耳鸣、胸闷、心悸、恶心、四肢无力、注意力不集中、体温在37℃以上,称为先兆中暑。

(2)轻度中暑。除有先兆表现外,体温升至38℃以上,面部潮红、皮肤灼热、面色苍白、呕吐、皮肤湿冷、血压下降、脉搏细弱及有早期循环衰竭的表现,称为轻度中暑。

(3)重症中暑。除轻度症状中暑表现外,伴存昏迷、痉挛或高热,称为重症中暑。

3.处理与预防

当有先兆或轻度中暑时,应让患者迅速离开高热环境,移至阴凉通风和休息,解开衣领,并给予清凉饮料、浓茶、淡盐水和人丹、解暑片或藿香正气丸等解暑药物(见图4-5-4)。对于有早期周围循环衰竭表现的患者和重症中暑患者,头部应垫高,松解衣服、扇风、头部作冷敷,用50%酒精或白酒擦身,少量多次地给予凉淡盐开水或清凉饮料,如有昏迷,可指掐人中、涌泉等穴位,应一面急救,一面迅速送医院治疗。

在高湿或炎热夏天,应合理安排好生活作息时间制度,保证充足的睡眠和休息。平时要坚持在较热的环境中锻炼,逐步提高身体的耐热能力。在烈日下运动时间不宜过长,宜穿浅色、单薄、宽舒服装,并随时准备好清热解暑的饮料,身体疲劳或患病时,不宜参加剧烈运动。

转移到阴凉通风处

降温

补充水分

图 4-5-4　中暑处理方法

八、运动性腹痛

运动性腹痛是指由于体育运动而引发或诱发的腹部疼痛。发病率较高的是中长跑、马拉松等项目,多发生在运动过程中或运动结束时。腹痛部位多在心窝部、右上腹,其次是左上腹和脐周部。

1. 原因

引起运动性腹痛的原因,可分为腹腔内疾患、腹腔外疾患和与运动有关的运动性腹痛三大类。

发病原因与缺乏锻炼有关,特别是初次参与体育锻炼的人,由于心脏功能差,心脏搏动无力,影响静脉血回心从而引起肝、脾瘀血肿胀,增加肝脾被膜的张力而发生腹痛。饭后过早参加运动,运动前吃过饱、喝水过多或空腹运动可引起胃部胀痛。运动前不做准备活动或准备活动不充分即进行剧烈的运动,由于运动负荷增加过快,心肺功能跟不上肌肉工作需要,致使呼吸肌缺氧,加剧腹痛的产生。内脏器质性病变,运动时可使病位受到刺激而产生腹痛。

2. 症状

腹痛的部位主要以发病原因而定,由肝脾瘀血引起的腹痛,肝病在右肋部、脾痛在左肋部,疼痛性质为胀痛或牵扯痛。饮食时间安排不当,可能引起胃痉挛,其疼痛部位在上腹部,腹痛大多在运动中或运动后不久出现。

3. 处理

运动中出现腹痛时,应适当减慢速度,加强呼吸,调整呼吸与运动节奏,按压疼痛部位或弯腰慢跑一段距离,一般疼痛可减轻或消失。如疼痛仍不减轻,应停止运动,口服解痉药物,点掐或针刺足三里、内关、大肠俞等穴,并热敷腹部。如仍无效果,应医生进行诊断和处理。

4. 预防

遵守科学锻炼原则，循序渐进地增加运动负荷，全面提高心肺功能。合理安排膳食和运动时间，饭后应休息 1.5～2 小时才可进行剧烈运动。运动前要充分做好准备活动，患有内脏器官疾病者，应及早就医，彻底治疗。疾病未愈前不要参加长时间剧烈的运动或在医生指导下进行运动。

九、低血糖症

正常人每 100 毫升血液中的葡萄糖含量为 80～120 毫克。当每 100 毫升血液中的葡萄糖含量低于 55 毫克时，就会出现一系列症状，称低血糖症；当低于 10 毫克时，就会出现深度昏迷，称为低血糖性休克。多发生于长跑、超长跑等项目的比赛过程中或结束不久。

1. 病因

长时间进行剧烈运动使体内血糖大量消耗；运动前或运动时饥饿，体内肝糖储备不足，又不能及时补充血糖的消耗；赛前补充糖过多、精神过于紧张、赛后强烈的失望情绪或患病，引起中枢神经系统调节糖代谢的功能紊乱，使胰岛素分泌量增加等，是造成运动时低血糖症状的重要原因。

2. 症状

轻度者有强烈的饥饿感、疲乏无力、心慌、头晕、面色苍白、出冷汗。较重者神志模糊、言语不清、烦躁不安或精神错乱、四肢发抖、步态不稳，甚至昏倒。检查时，脉搏细而弱，呼吸短促，瞳孔扩大，每 100 毫升血液中的葡萄糖含量降至 40～50 毫克以下，严重者可低至 10 毫克。

3. 处理

让患者平卧、保暖。神志清醒者可饮糖水或进食少量流质物，一般经短时间处理后症状消失。昏迷者可静脉注射 50％葡萄糖 40～100 毫升，同时针刺（或指掐）人中、涌泉、合谷等穴，并迅速请医生处理。

4. 预防

平时缺乏锻炼、空腹饥饿或患病未愈者，不要参加长时间的剧烈运动，进行长时间耐力运动 2 小时可按每千克体重进食 1 克糖。参加长距离跑的训练者，途中应有含糖饮料的供给。

第五章　无线电测向运动竞赛组织与规则

第一节　无线电测向运动竞赛组织

一、竞赛简介

国内无线电测向竞赛因不断改革添加了新的竞赛项目。全国青少年无线电测向锦标赛除原有的无线电测向机工程制作,80 米和 2 米短距离个人赛、团体赛,新增添了场地定位测向。场地定位测向融竞技性、观赏性于一体,有利于测向运动员自己的测向技术的发挥和观众的观赏,更利于无线电测向运动的宣传推广。竞赛场地一般设在运动场和开阔的公园草坪等易于观赏的地方。

无线电测向竞赛十分有趣,像玩捉迷藏游戏似的,运动员忙碌地测听、奔跑,漫山遍野地去搜寻一个个隐蔽电台。竞赛一般选择在地形有起伏、树木较多、视线不良的比较复杂的地方进行。这样可以减少运动员间的互相影响,增加难度。竞赛前数日,裁判员要认真勘察地形,选好竞赛区域和设置隐蔽电台的位置。竞赛当日,隐蔽电台裁判员携带发射机进入指定位置,开机发射信号。各隐蔽电台依次循环发信,每次循环中各工作 1 分钟,反复发出本台的呼号,供运动员测听。1 至 5 号台的呼号分别是:MOE、MOI、MOS、MOH、MO5,各台呼号均以摩尔斯电码方式进行拍发。各台都要加以隐蔽,使运动员在接近时不容易发现。

各隐蔽电台之间的距离有规则限制,合理顺序连续各台间的直线距离总共为 5～10 千米。运动员参加一次竞赛的实际跑动距离大约是 6～10 千米。

竞赛当日,运动员在驻地集合,由裁判员点名后统一带往竞赛场地的起点。途中不许头戴耳机,更不许测听信号。到达起点后,运动员被限制在用标志线圈起来的预备区内做各项准备工作或者休息,等候通知出发。测向机暂由裁判员统一收存在指定的地方。图 5-1-1 给出了一个起点场地设置的示意图,图 5-1-2 绘出了终点地区示意图。

竞赛时,运动员是以相等的时间间隔分批由起点出发的。每个运动员安排在第几批出发,在赛前一两天抽签决定。每批运动员在出发前 10 分钟会得到裁判员的传唤和通知,在领取测向机和当场竞赛区域的地形图之后,看地图,等候出发口令。

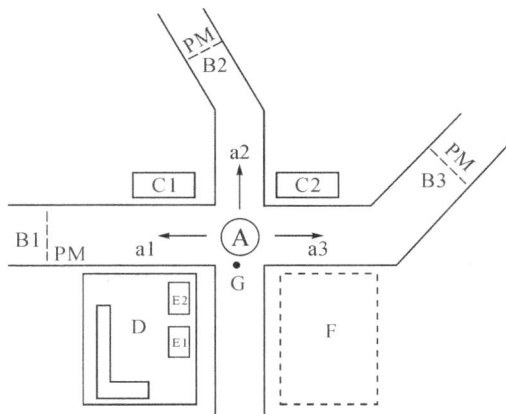

图 5-1-1　起点地区示意图

注:起点示意图假设为一村落的十字路口。A——起点出发圈,直径 2 米。a1、a2、a3——同批次多名运动员出发的不同方向。B1、B2、B3——起点终端线,距 A 约 50～250 米,各终端线外尽量不可透视。终端线的长度视道路宽度(注意保留必要通道)而定,以白灰标出,线湍插置标志旗 M。C1、C2——起点工作区,监听台、联络台可设在此处。D——预备区,有围墙的院落(或用绳索圈绕的区域),运动员等待比赛的区域。E1——测向机、耳机放置处。E2——领取地图、填写竞赛卡片、指卡清零处。F——参观区,用绳索圈定的空旷地。G——发令裁判员站立位置,面向 A 和 C1。"测向起点"横幅,张挂在醒目位置。

出发时,运动员站在起点出发圈内,听到"出发"口令后,运动员离开出发圈,跑向起点终端线,进入比赛。从发出"出发"口令起,裁判员开始计算该运动员的比赛实用时间。运动员出发之后,不允许再返回起点,只能独立运动和测定电台方向。在该场所设置的数个隐蔽电台中,除规定的必找台外,先找哪个,后找哪个,或是放弃不找哪个,都由运动员自行决定。但必须在限定时间内完成。超时者不计成绩。每找到一个电台,运动员必须使用该台印章或规定的其他标记工具在自己的竞赛卡片上做出印记,这是裁判员判定运动员找到电台的凭据。运动员到达终点时,必须穿过"终点线"。裁判员记录每个运动员通过终点线的时刻,再根据运动员出发时刻,计算出每人的实用时间。评定成绩时,先比较每人的找台数,再比较实用时间,以找台数多而使用时间少者名次列前。

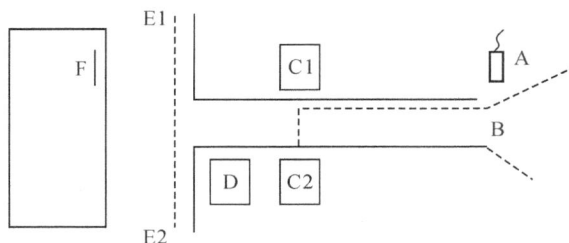

图 5-1-2　终点地区示意图

注:终点示意图假设为一空旷路口。A——信标台。B——跑道入口处。C1、C2——终点线,终点工作区,计时、收卡、验卡、联络等。D——终点裁判辅助工作区,成绩统计,收号码布、指卡等用品。E1、E2——运动员休息区、参观区与工作区的界线。F——现场成绩公布处。

二、竞赛方法

1. 赛前,以抽签方式确定运动员的出发批次或赛位。

2. 起点须设一集中待出发运动员的预备区和出发线。

3. 每批出发间隔时间为 1～3 分钟。

4. 每场竞赛的规定时间、出发间隔时间、各组别找台数及台号、找台顺序、终点是否设信标台等,赛前向运动员宣布。

5. 运动员需按要求佩戴组织者发的号码布和携带竞赛卡片或指卡。

6. 运动员必须以徒步方式独立完成竞赛,不得协助他人或获取他人的协助。

7. 运动员找到隐蔽电台时,应在竞赛卡片上或指卡按规定自行打卡或作印,以作为找到该台的凭证。

8. 运动员通过终点线后,应立即主动交验竞赛卡片或指卡终点打卡。卡片或指卡丢失无成绩。未按要求作印或印记无法辨认的,该台成绩无效。

9. 成绩评定:从运动员获得出发令时起,到按要求的顺序找台并通过终点线时止,所用时间为该运动员的实用时间。超过规定时间成绩无效。

三、竞赛形式

1. 个人计时赛

运动员按规定或自选的顺序找台。找台数多、测向时间(含附加时间)少者为优。此竞赛可根据参赛人数和比赛形式,采用一场决赛、两场或数场成绩累计方式进行;也可采用分组预赛—复赛—决赛的方式进行。

2. 个人淘汰赛

每批出发一对,一人正顺序找台,一人反顺序找台,找完指定电台先到达终点的为胜

（出线），并进入下一轮。

3. 团体赛

每队由4～6名队员组成，性别结构和每场出场人数由规程决定。可视参赛队多少和赛期长短采用不同的方法。

（1）采用计时赛方法。团体成绩按全队总找台数、总实用时间（不含附加时间）的顺序评定。总找台数多、总实用时间少者为胜。不得在上述个人计时赛的基础上重复累计团体成绩。

（2）采用接力赛方法。竞赛时，各队按单人找单台或单人找多台进行接力，团体成绩按全队总找台数、总实用时间（不含附加时间）的顺序评定。总找台数多、总测向时间少者为胜。

（3）采用淘汰赛（对抗赛）方法。竞赛时，每批出发一对（自两个队，每队1人，各队运动员出发顺序按要求由本队自行安排），一人正顺序找台，一人反顺序找台。先到达终点者得一分，后到者为零分。积分达到规定值的队为优胜。

四、竞赛组织工作

无线电测向运动竞赛组织工作有两个层次的工作。第一层次的竞赛组织工作是最高层次竞赛组织者对比赛进行了策划、组织、调控；第二层次竞赛组织工作是比赛中负责竞赛业务部门工作的具体操作与实施。

1. 组织方案

组织方案由无线电测向竞赛筹备领导小组根据实际情况制定，它是筹备竞赛工作的依据。组织方案一般包括以下内容。

（1）竞赛名称和目的、任务。

（2）竞赛的规模：主要包括参加单位、参加人数（运动员、裁判员、工作人员）、竞赛组织和竞赛项目等内容。

（3）竞赛的组织机构：包括机构构成部门、各工作部门负责人、各工作部门的工作人员名额。

（4）竞赛的日期和地点。

（5）竞赛的经费预算：根据实际需要确定。包括起点、终点场地布置，比赛器材、工作人员、裁判员及交通费用、媒体推广、奖品、印刷、文具、医药等费用。

（6）工作步骤：主要说明竞赛筹备工作分几个阶段进行，各阶段主要工作安排等。

2. 竞赛规程

竞赛规程是开展竞赛工作的依据，无线电测向运动竞赛规程通常包括以下内容。

（1）竞赛的名称、目的、任务，以及主办单位、承办单位、协办单位、推广单位。

（2）比赛时间和地点。

（3）参加单位和组别。比赛项目要根据竞赛项目的性质、规模、参赛组别、运动员水平拟定。包括每单位可参加人数（男、女），每人可报几项及参赛者资格规定等。

（4）报名办法。包括报名表填写方法、报名截止日期。

（5）计分及奖励办法。说明各项录取名额、个人及团体总分的计算与奖励办法。

（6）比赛规则。说明采用国际无线电联盟审定的某年无线电测向竞赛规则和根据实际情况制定的补充规则等。

（7）竞赛费用、裁判员组成、仲裁委员会组成、规程解释权。

3. 组织机构

无线电测向运动竞赛的组织与进行，是一项复杂而细致的工作。为统一管理、便于工作，必须建立组织机构。机构的构成和规模根据实际需要而定。一般无线电测向运动竞赛通常在组委员会领导下，建立 4 个组开展工作。

（1）宣传组：负责宣传教育、会场布置、开幕式和闭幕式的组织、媒体接洽以及奖状、奖品的发放等工作。

（2）竞赛组：保证赛事顺利完成的核心小组，主要负责赛事技术环节。包括竞赛组织、路线设计、成绩统计等方面。

（3）安全救护组：制定各种安全预案，对在比赛过程中出现的各种安全问题进行及时处理，确保比赛圆满完成。

（4）后勤保障组：负责与会人员的食宿安排、交通协调、场地与器材准备、奖品的购置、赛区会场饮水供给和医务人员配备工作。

为了保证比赛按计划有条不紊地进行，各组要在领导小组的统一领导下，协调配合，积极完成比赛的各项筹备工作。

4. 无线电测向运动竞赛秩序册的编排

（1）审查报名单

按照竞赛规程规定的参加办法，对各单位的报名单进行审查，如发现报名人数和项目超出限额，应立即与有关单位联系，及时解决。

（2）编排运动姓名、号码对照表

运动员号码由 4 位数组成，第一位数代表组别，第二、三位数代表队别、第四位数是运动员在该队的序号。

（3）统计各项目参加比赛人数

统计参加各项目比赛人数及接力赛区队数，为分组和编排工作做好准备，然后填入"各组比赛人数统计表"。

（4）出发方式和出发顺序编排

①每场竞赛各代表队抽签后获得一个序号。同队所有运动员的出发批次根据"等间隔编排法"和序号确定。

②等间隔编排的基本方法是：

a.根据规程,确定参赛队总数 T,每队同组别最多允许运动员 G,同场竞赛的不同组别 I。b.总出发批次 P＝T×G,同队同组别运动员之间间隔批次 A＝T,同队不同组别运动员间隔批次 B＝T/I(当有余数时,B 取整数再加1)。c.根据 A、B、P 计算出抽签单上的出发批次。

计算举例：某抽签单序号为 N,同场竞赛有 4 个组别,每组别有 3 名运动员。该抽签单上的各批次如下。

成年男子组　运动员 1 第 N 批,运动员 2 第(N＋T)批,运动员 3 第(N＝2T)批;

成年女子组　运动员 2 第(N＋B)批,运动员 2 第(N＋B＋T)批,运动员 3 第(N＋B＋2T)批;

青年男子组　运动员 1 第(N＋2B)批,运动员 2 第(N＋2B＋T)批,运动员 3 第(N＋2B＋2T)批;

青年女子组　运动员 1 第(N＋3B)批,运动员 2 第(N＋3B＋T)批,运动员 3 第(N＋3B＋3T)批。

当出发批次的计算结果大于 P 时,应取其与 P 的差值。

③为控制竞赛总时间,可由总裁判长确定增加每一批同组别(不同队)运动员的出发人数,以减少出发批次。

5.无线电测向运动竞赛前期准备工作

(1)向有关单位提出赛事申请,获得举办比赛的正式批文。

(2)成立组委会,具体工作落实到各个小组。

(3)选择无线电测向运动竞赛场地,准备长距离无线电测向竞赛地形图,实地勘测验证运动路线设计以及起点、隐蔽电台、终点设置的准确性。

(4)根据竞赛规程和竞赛规则印制电台打印卡、竞赛成绩记录表、竞赛成绩统计表等。

(5)根据竞赛规程和竞赛规则准备竞赛用具和电子打卡计时系统等。

(6)竞赛的组织报名、接待、后勤保障、交通工具准备等。

(7)整理报名数据,组织编写比赛秩序册。

6.比赛进行中的工作

(1)组织召开领队教练员会议。介绍比赛时间和项目安排、交通情况、后勤保障等情况;介绍比赛的技术要求及注意事项。

(2)组织召开开幕式。宣传大会宗旨,要求全体参赛工作人员、裁判员、教练员、运动员按照大会规程和竞赛规则办事。

(3)每日竞赛安排。竞赛项目、时间以及交通、后勤保障等工作。

(4)每日的竞赛组织。竞赛场地设置(起、终安排)、竞赛实施、成绩记录、核对、公布等。

（5）根据竞赛规程和竞赛规则处理竞赛中发生的问题。

（6）公布竞赛项目成绩、名次及颁奖。

7.竞赛后期的工作

（1）竞赛结束后，将全部成绩整理好，并编印成绩册，发放给参赛单位和有关部门。

（2）总结本次竞赛情况，必要时以书面形式向上级有关部门汇报竞赛结果及竞赛情况。

五、电子计时打卡系统

无线电测向电子计时打卡系统（见图5-1-3），简化了组织比赛工作，计时及时有效，保证比赛公平性。电子计时打卡系统由计时卡、点签器和终端打印系统组成。每名参赛运动员都有一个统一编号的计时卡，它既可存贮点签器之间的时间，又可存贮开始和结束时间。点签器能存贮运动员到访的时间，当插入计时卡便自动将计时卡号和到达时间写入计时卡。终端输出打印系统可打印各种所需成绩。其工作程序如下。

1.开机

（1）将所有点签器按顺序排列在一起，注意将起点站和终点站并列放在前面。参考排列顺序为：清除/核查、起点、终点、31、32、33、34、35、36、37、38、39、40（依据比赛电台设置数量确定）。

（2）用开机棒在点签器的指定位置快速启动所有点签器。

图 5-1-3　电子打卡系统

2.点签器布点

（1）比赛前，用一张计时卡按实际比赛的电台设置顺序，进行模拟打卡，并在主站打印出成绩单，确保每个点签器已启动，并工作正常。

（2）模拟打卡后，按比赛设台顺序，把有编号的电子点签器放到实地的各个隐蔽电台处，悬挂点标旗。

3.各站点的功能

（1）清除/核查站：运动员出发前在该站打卡，将佩戴在手指处的计时卡，在清除"点签器"上打卡，听到"点签器"发出"嘀嘀"声后，卡内的信息已经清除（见图5-1-4）。

图 5-1-4　清除点签器

　　(2)起点站(开始):运动员出发时在该站打卡,每名运动员听到发令信号后,将"计时卡"在标有"起点"的"点签器"上打卡,每当信号发出,比赛起点时间被储存,比赛开始(见图 5-1-5)。

图 5-1-5　起点点签器

　　(3)点签器:运动员找到电台后,在所在位置的点签器打卡,当发出声光提示信息时,到访时间和位置信息被储存计时卡中(见图 5-1-6)。

　　(4)终点站(结束):跑完全程回到终点时,在标有"终点"的"点签器"上打卡,到达终点时间被储存(见图 5-1-7)。

　　(5)主站:运动员持自己的"计时卡"在成绩统计处,将"计时卡"在标有"主站"的"点签器"上打卡,主站连接微型打印机可直接打印运动员成绩条(打印机采用充电电池供电,整个系统均采用电池供电,无须外接电源,可以不使用电脑,适合野外使用)(见图 5-1-8)。

图 5-1-6　隐蔽电台点签器

图 5-1-7　终点点签器

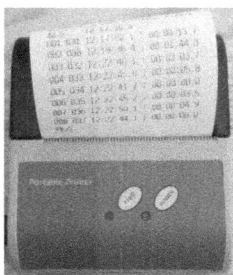

图 5-1-8　主站点签器和热敏打印机

（6）统计：在数据输出的同时，后台软件对运动员的数据进行处理，分析比较。

（7）回收点签器，关机。

4. 计时卡

每个计时卡都有编号，可存储中文姓名、单位及其他信息（包括存储开始和结束时间）。计时卡可分为腕式、电子表式、指式等（见图 5-1-9）。

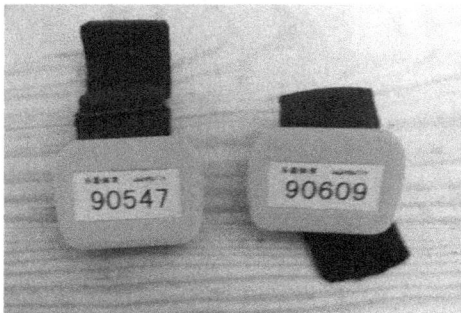

图 5-1-9　指式计时卡

图 5-1-10　打卡操作

5.点签器

每个点签器内有精确的计时时钟,精确到 1/100 秒,存储容量多达 2000 名运动员。具备声光指示系统,通过指示灯、蜂鸣装置分别反映设备的工作状态和提示操作成功与否;具有良好的防震性能和电池低电量报幕功能(见图 5-1-10)。

6.热敏打印机(主站输出打印系统,见图 5-1-11)

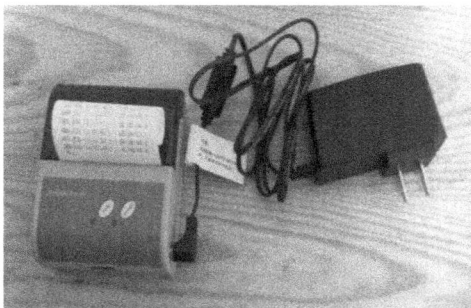

图 5-1-11　热敏打印机

(1)当计时卡插入终端输出器时,读数计算器(读卡器)立即计算出总时间、到达各电台的时间及电台之间的间隔时间。

(2)打印机将比赛成绩打印在 1 小张热敏纸上。读卡器可存储所有计时卡数据,并连接下载到计算机(PC),用电脑迅速制作完整的带姓名、卡号的成绩排名和成绩比较。

第二节　无线电测向运动竞赛规则和裁判法

一、无线电测向竞赛规则(2002 年修订)

第一章　竞赛项目

第一条　竞赛项目(个人单项、个人全能、单项团体、队团体赛):

无线电测向锦标赛应在两个业余波段(3.5 兆赫和 144 兆赫)进行。

1.男子 80 米波段(3.5 兆赫)测向

2.女子 80 米波段(3.5 兆赫)测向

3.男子 2 米波段(144 兆赫)测向

4.女子 2 米波段(144 兆赫)测向

以上项目可设成年(年龄不限)、青年(比赛当年底满 17 岁者)老年(比赛当年 1 月 1 日,满 40 岁以上者)或其他组别。

第二章 竞赛的参加者

第二条 运动员：

1.凡符合竞赛规程要求的选手,均可参加竞赛或测验。

2.运动员的义务和权力：

(1)熟悉并遵守测向竞赛规则、规程及有关规定。

(2)尊重裁判员,服从裁判,积极支持和协助大会工作。

(3)在竞赛中,有权向裁判员询问急待解决的问题。

(4)有权通过领队或教练员对竞赛、裁判工作提出建议和意见。

第三条 领队：

领队是代表队的领导人,参加竞赛的单位应派领队一人(可由教练员或运动员兼任),其职责如下：

1.熟悉并要求代表队全体人员遵守竞赛规则、规程及各种规定。

2.及时向本队传送竞赛组委会或裁判委员会等部门的通知和决议。

3.对竞赛和裁判工作的意见,应以口头或书面形式提出。凡提出与成绩有关的意见,不得超过成绩公布后1小时。

第四条 教练员：

参加竞赛的单位应派教练员1名(可由领队或运动员兼任)在技术上指导运动员,并协助领队工作。

第三章 竞赛通则

第五条 每次竞赛设置的项目和组别、代表队组成及奖励办法等,由该次竞赛的规程规定。

第六条 运动员可以兼项,同组别不同波段的竞赛应在不同日进行。

第七条 竞赛地区可选择在市郊、森林、丘陵、公园等树木较多的地带,地形应适宜运动员奔跑和能够正确检验他们的无线电测向技能。应避开危险地段及人为的可能造成干扰测向行为的物体。竞赛路线各点(起点、各电台、终点)之间的总水平高度差应不超过200米。

竞赛区域确定后,原则上不公开,竞赛组织者及有关人员应注意保密;参赛队也不能擅自进入此区域进行探察或训练。若需提前公开竞赛地点,竞赛路线也仍需保密。

举办过测向竞赛的场地至少在两年内不得再用于全国性竞赛。

第八条 竞赛地图比例尺应为1∶10000至1∶50000。在竞赛地图上应清晰地标明起点和终点信标台位置及竞赛区域边界、磁北(或正北)线、地图绘制年份及等高距等。

第九条 竞赛中,各波段通常设置5个隐蔽电台,并按以下时间和呼号循环(5分钟为一循环)拍发信号(拍发速度为每分钟35～50字)：

第一分钟—1号台发信—拍发 MOE(－－ －－－ ·)

第二分钟—2号台发信—拍发 MOI(—— ———・・)

第三分钟—3号台发信—拍发 MOS(—— ———・・・)

第四分钟—4号台发信—拍发 MOH(—— ———・・・・)

第五分钟—5号台发信—拍发 MO5(—— ———・・・・・)

第六分钟起,1号台重新开始发信,以后依次类推。

终点信标台为连续工作,拍发 MO(—— ———)信号。

第十条　各波段的隐蔽电台均应工作在同一频率上,但电台频率的自然漂移不予考虑。信标台也应工作于各波段规定的频率范围内,但不能与隐蔽电台同频。

第十一条　隐蔽电台用自动键控方式工作,电台输出载波功率为 1～5 瓦,发射天线的架设应尽量避开环境影响。

第十二条　隐蔽电台之间包括与终点信标台之间的距离不得小于 400 米;距起点最近的隐蔽电台与起点之间的距离不小于 750 米;从起点出发线开始经全部隐蔽电台直到终点线的最佳直线距离为 5～10 千米。

第十三条　隐蔽电台设置时,应细致地选择安放点,注意避开可能产生电磁干扰的物体,并尽量避免迎面过来的运动员被刚出去的运动员引导到电台前的情况出现。电台的发射天线应按要求牢固架设,电台和天线间连接良好,地线的安放不会使运动员奔跑中产生问题。电台的设置还应考虑到不影响他人的工作、生产、休息及运动员寻找电台时的安全。

每个电台均应有 1～2 名裁判员或操作员看守。

第十四条　2 米波段竞赛频率为 144～146 兆赫,采用水平极化波发射调幅电报;80米波段竞赛频率为 3.5～3.6 兆赫,采用垂直极化波发射等幅电报。

第十五条　1～5 号隐蔽电台应该设有标志旗(亦称点标),它由 3 个尺寸为 30×30厘米的正方形组成三面棱柱体,每个正方形中间有一条对角线,上半部为白色,下半部为红或橙色。并应分别标注各台台号或呼号。标志旗应靠近电台,不能远于 4 米。

第十六条　紧靠标志旗设置 1～2 个以上的打卡、作印设备或场地计时器,供运动员取得通过电台的凭证。

在终点跑道入口处附近设置信标(导引)台,但该台不设标志旗和打卡、作印或计时设备,运动员也无须去寻找它和取证。

第十七条　终点跑道应始于终点信标台附近止于终点线,跑道两边采用不间断的绳带做明晰标志,入口处最好形成较宽的喇叭状。

第十八条　终点线的准确位置应明显易见,运动员跑入方向的相对角度也应适当考虑。

第十九条　运动员自备测向机、指北针、计时表等竞赛用品。测向机(包括备用机)在竞赛频率范围内向外辐射的信号,不得被 10 米外具有 3～5 微伏灵敏度的接收机听到,否则不得使用。

第二十条　运动员必须按要求佩带好号码布。

第二十一条　竞赛中,运动员应徒步寻找隐蔽电台,禁止使用任何交通和通信工具;运动员应独立完成赛事,禁止协助他人或接受他人协助;也不得损害群众利益、损坏公共设施和破坏隐蔽电台的正常工作及其伪装。

第二十二条　竞赛中,各组别运动员按下列要求寻找隐蔽电台:

成年及大学男子组寻找所有 5 个隐蔽电台;成年女子组不找 4 号台(MOH);大学女子组不找 1 号台;青年男子组不找 3 号台(MOS);青年女子组不找 2 号台(MOI);老年组不找 5 号台(MO5)。

寻找隐蔽电台的顺序,由运动员自行选定。

第二十三条　竞赛中,运动员必须在规定时间内完成竞赛。每场竞赛的规定时间根据赛场地形的复杂程度和天气等情况在 $100\sim140$ 分钟内酌情确定。

第二十四条　在竞赛过程中,若隐蔽电台发生故障,其时间超过 40 秒,称一次发信故障(按一轮发信时间计算)。在一轮发信周期内,无论几个电台发生故障,只算一次故障。凡已出发但未通过故障台的运动员均从实用时间中,减去故障次数所用时间的一半。在故障时间内找到该台者,按一次故障计算。信标台故障不予考虑。

第二十五条　竞赛时间分别以起点和终点设置的计时器为准,计时精度不低于秒。

第二十六条　竞赛起点、终点及各隐蔽电台之间,应设有无线电通信设备,但不能对隐蔽电台的发射和运动员的测向造成干扰。竞赛时还需具有必要的医疗条件。

第二十七条　运动员不得使用任何违禁药物,裁判委员会有权在赛前及赛后进行检查。

第二十八条　竞赛中,运动员需承担自身风险;本队负责运动员的事故保险和人身安全。

第二十九条　如遇场地、天气等有碍竞赛正常进行的特殊情况,总裁判长有权中止竞赛,并设法召回运动员。

第三十条　运动员必须参加无线电测向理论或实践技能的考核,不及格者按得分折成时间计入其个人全能成绩,具体办法由竞赛规程规定。

第四章　竞赛方法

第三十一条　运动员的出发抽签,可由裁判组织各代表队进行;也可在仲裁成员的监督下,由裁判委员会负责进行,用电脑或人工抽签。不同波段的抽签应分别进行。

第三十二条　来自同队同组别的运动员,不能在同批或相邻的批次出发。若出现同一队运动员在同批或相邻批次出发,裁判有权进行调整。

第三十三条　赛前应组织运动员试机或预习,并展示和试用竞赛器材用品。预习中电台的频率应为竞赛中使用频率。

第三十四条　赛前各代表队按规定领取竞赛卡片或计时指卡。

第三十五条　运动员前往赛区途中,禁止打开测向机和头戴耳机。运动员到达起点预备区后,应按起点裁判要求将测向机(含备用测向机)或耳机(含备用耳机)放置在指定地方。

第三十六条　运动员到达起点预备区后,由起点裁判长宣布本场竞赛的有关事项,并以公告牌的形式公布。公告牌应包括规定时间、电台工作频率、出发顺序表等。

第三十七条　运动员出发前,至少应有 20 分钟时间在起点做准备活动。

第三十八条　运动员最迟在出发前 10 分钟被传呼检录,同时领取测向机(或耳机)、竞赛地图、填写竞赛卡片或给计时指卡"清零"。

第三十九条　运动员应按批次有序地组织出发,后面出发的运动员和其他人员不能看到竞赛地图和正在出发的运动员所选择的出发路线。

第四十条　出发跑道不长于 250 米,终端应有明显标志。若提供 2 条或 2 条以上出发跑道时,各出发跑道终端之间及与出发线之间尽量做到相互看不见。

第四十一条　出发信号或口令发出后,运动员可以打开他们的测向机,沿出发跑道奔跑。到跑道终端后,他们即可离开去寻找隐蔽电台。除测向机故障外,运动员不得在出发跑道上停留。

运动员出发后,不得返回起点地区。

第四十二条　若由于运动员自身原因延误了出发时间,可由起点裁判员另行安排他们出发,其时间仍按原定的出发时间起算。若因组织者或裁判员的原因而延误了运动员的出发,该运动员可以得到另一个新的出发时间。

第四十三条　运动员出发间隔时间为 5 分钟,每批出发 1～数人,在第 5(或 1)号隐蔽电台开始发信时出发。

第四十四条　同一组别运动员使用同一个出发跑道,并都在 5 分钟周期的相同的分钟出发。非正式参赛运动员应在正式运动员出发后相隔 5～15 分钟出发。

第四十五条　领队、教练及随队人员不得擅自离开起点预备区。若经裁判允许离开后,也不得再进入预备区,应在规定的地区内观看比赛。

第四十六条　代表队由起点到终点的转移,应有组织地进行,不得擅自行动。抵达终点后,应在规定的范围内活动或休息,不能擅自离开。

第四十七条　运动员找到隐蔽电台时,按要求通过打卡器在竞赛卡片上打孔或在印台上作印;或通过场地计时器在计时指卡上记入到达时间和所找台号。若由于运动员自身的原因,竞赛卡片上印记不正确、不清晰、漏记和无法辨认;或计时指卡上未记上过台时间和台号,该台成绩无效。若运动员丢失竞赛卡片或计时指卡,无成绩;若在打卡、作印时弄虚作假,将被取消资格。

第四十八条　对已经超过规定时间仍在竞赛的运动员,裁判员有权中止其竞赛并在指定地点收留。运动员因故退赛,必须及时向场地裁判员报告和转告终点、并听从裁判员安排和交回竞赛卡片或计时指卡。同时不能以任何方式干扰竞赛或给其他运动员以帮助。

第四十九条 运动员寻找完隐蔽电台后,应按地图或信标台的指引,经终点跑道入口处沿跑道奔向终点线计时(自行计时或由裁判计时)。运动员不得横穿跑道两侧的绳带进入跑道冲终点线。

第五十条 运动员通过终点线后,应主动向裁判员交验竞赛卡片或计时指卡,并在裁判指定的地点休息,不能再度进入竞赛场地和起点地区。

第五十一条 运动员或代表队成员及随队人员违反竞赛规则和有关规定时,视情节轻重,分别给予警告、增加测向时间、一台成绩无效、一场成绩无效、取消竞赛资格等处罚。具体办法按裁判法执行。

第五十二条 基层组织的竞赛,可按当地的实际情况,在电台设置和出发方式等方面从简。

第五章 名次评定

第五十三条 运动员的个人单项名次按各组别的有效找台数(先考虑)和测向时间(后考虑)评定;个人全能名次由 80 米和 2 米波段个人竞赛均有成绩者,按找台总数和测向总时间的顺序评定。找台数多者,名次列前;若找台数相同,测向时间少者,名次列前;若再相同,名次并列。

第五十四条 各组别单项团体名次选各组别中两名最好队员的成绩相加,按总有效场次、总找台数及总测向时间的顺序评定。若三者均相同,则个人名次好者,名次列前。

第五十五条 若 2 名或 2 名以上运动员(或组别)团体名次相同,都应得到相应的奖牌和/或证书。在各组别团体竞赛中,获奖队的每名运动员也可以得到相应的奖牌和/或证书。

第六章 裁判机构

第五十六条 裁判委员会由总裁判长、副总裁判长和各组裁判长组成。

1.裁判委员会直接领导竞赛工作,负责竞赛的实施和确定竞赛成绩,并监督领队、教练员、运动员遵守竞赛规则和规程。

2.赛前,颁布裁判委员会通知,向各代表队重申及补充说明竞赛中的有关规定和注意事项,以确保竞赛的顺利进行。

3.赛前,协同有关部门检查落实竞赛场地、器材用品,进行裁判人员分工和组织训练,做好竞赛的物质和技术准备。

第五十七条 裁判机构及人数:

总裁判长:1 人

副总裁判长:1~2 人

裁判秘书组:2 人

秘书长 1 人;秘书 1 人

起点裁判组:8 人

裁判长 1 人;副裁判长 1 人;裁判员 6 人

隐蔽电台裁判组:7～12 人

裁判长 1 人;副裁判长 1 人;裁判员 5～10 人

终点裁判组:8 人

裁判长 1 人;副裁判长 1 人;裁判员 6 人

成绩统计裁判组:3 人

裁判长 1 人;副裁判长 1 人;裁判员 1 人

技术裁判组:2～3 人(此组可根据需要酌情设)

裁判长 1 人;裁判员 1～2 人

注:在不影响竞赛的原则下,裁判机构应尽量压缩,人员尽职。

二、短距离无线电测向竞赛规则(2002 年修订)

本规则适用于 80 米和 2 米波段短距离无线电测向竞赛。

1. 竞赛场地选择

(1)可选在公园、较大的校园或郊区、居民区等地,但要避开危险地区。

(2)起、终点应尽可能靠近或相互共用。终点位置应向运动员宣布并十分明确。

2. 隐蔽电台设置

(1)竞赛时,隐蔽电台的设置数通常大于各组别运动员的找台数,视竞赛规模,可设 3 至 10 部隐蔽电台。

(2)隐蔽电台位置可选在运动员能接近的地点或运动员看不见无法接近的地方,但应顾及运动员和电台的安全。运动员找台时不可触摸电台。

(3)隐蔽电台位置与点标及运动员过台记录器具之间的距离在 2 米以内。

(4)起点与各隐蔽电台及各台间距为 30～200 米,并应互看不见。

(5)隐蔽电台的发信频率:

①80 米波段在 3.5～3.6 兆赫范围内选定,各台工作在不同频率上,频率间隔不低于 10kHz。

②2 米波段在 144～146 兆赫范围内选定,各台工作在不同频率上,频率间隔不低于 50kHz。

(6)隐蔽电台的工作状态:

①80 米波段测向电台连续自动拍发等幅电报,载波功率为 0.3～1 瓦,采用水平平面无方向性的直立天线发射垂直极化波。

②2 米波段测向电台连续自动拍发音频脉冲调制的电报信号,载波功率为 0.1～0.5 瓦,采用水平平面无方向性的直立天线发射垂直极化波。

(7)隐蔽电台的拍发呼号:

1 号台 MOE－－－－－·   或 1(·－－－－)

2 号台 MOI－－－－－·· 或 2(··－－－)

3 号台 MOS－－－－－···   或 3(···－－)

4 号台 MOH－－－－－····或 4(····－)

5 号台 MO5－－－－－·····或 5(·····)

6 号台 6 －····

7 号台 7 －－···

8 号台 8 －－－··

9 号台 9 －－－－·

0 号台 0 －－－－－

信标台 MO －－－－－

备用呼号(当 2 米波段某频点遇到严重干扰时,可采用其他频点的备用电台):

MA 台 －－ ·－

MU 台 －－ ··－

MV 台 －－ ···－

M4 台 －－ ····－

M5 台 －－ ·····

电台的拍发速度均为每分钟 25～80 字符。

(8)隐蔽电台应标明该台台号或呼号,并设有运动员过台记录设备。

(9)可根据实际需要确定是否在终点设置信标台。

3.关于"假台"

竞赛时可设若干个"假台"(不发射信号或非规定本人所找的电台称假台),运动员发现"假台"不得作印。误找假台又未更正的,或不计该台成绩,或不仅不计该台成绩,而且还要扣除与所找假台数相应的已找台数。

4.关于点标设置和取得凭证

点标的设置和取得凭证有两种方法。

(1)在电台(含假台)附近设置标有该台台号或工作频段的点标和取证设备(电子计时器、打卡器或印章),运动员确认找到该台时取证。

(2)在电台(含假台)附近及周围设置不标明电台呼号的点标。运动员找到电台或确定电台位置后,使用距电台最近的取证设备取证或在竞赛卡片上抄写该点标上的字符,作为找到电台的凭证。

点标悬挂高度不超过 1.5 米,运动员不得以任何理由移动点标位置。

5.竞赛形式

(1)个人计时赛

运动员按规定或自选的顺序找台。找台数多,测向时间(含附加时间)少者为优。此竞赛可根据参赛人数和比赛形式,采用一场决赛、两场或数场成绩累计方式进行;也可采用分组预赛—复赛—决赛的方式进行。

(2)个人淘汰赛

每批出发一对,一人正顺序找台,一人反顺序找台,找完指定电台先到达终点的为胜(出线),并进入下一轮。

(3)团体赛

每队由 4~6 名队员组成,性别结构和每场出场人数由规程规定。

团体赛可视参赛队多少和赛期长短采用不同的方法。

①采用计时赛方法。团体成绩按全队总找台数、总实用时间(不含附加时间)的顺序评定。总找台数多、总实用时间少者为胜。不得在上述个人计时赛的基础上重复累计团体成绩。

②采用接力赛方法。竞赛时,各队按单人找单台或单人找多台进行接力,团体成绩按全队总找台数、总实用时间(不含附加时间)的顺序评定。总找台数多、总测向时间少者为胜。

③采用淘汰赛(对抗赛)方法。竞赛时,每批出发一对(来自两个队,每队 1 人,各队运动员出发顺序按要求由本队自行安排),一人正顺序找台,一人反顺序找台。先到达终点者得一分,后到者为零分。积分达到规定值的队为优胜。

6.竞赛方法

(1)赛前,以抽签方式确定运动员的出发批次或赛位。

(2)起点需设一集中待出发运动员的预备区和出发线。

(3)运动员自备测向机。测向机在竞赛频率范围内向外辐射的信号,不得被 10 米外具有 3~5 微伏灵敏度的接收机听到。

(4)运动员需按要求佩戴组织者发给的号码布和携带竞赛卡片。

(5)每场竞赛的规定时间、出发间隔时间、各组别找台数及台号、找台顺序、终点是否设信标台等,赛前向运动员宣布。

(6)运动员必须以徒步方式独立完成竞赛,不得协助他人或获取他人的协助。

(7)运动员每批出发间隔时间为 1~3 分钟。

(8)竞赛时,规定各组别运动员应找台的台号或呼号或电码符号,可标注在竞赛卡片上,为其准确找台提供方便。

(9)运动员找到隐蔽电台时,应在计时指卡或竞赛卡片上按规定自行计时、打卡或作印(信标台无须寻找或作印),以作为找到该台的凭证。

(10)运动员通过终点线后,应立即主动交验计时指卡或竞赛卡片。指卡或卡片丢失无成绩。未按要求计时、打卡、作印或印记无法辨认的,该台成绩无效。

(11)成绩评定:从运动员获得出发令时起,到按要求的顺序找台并通过终点线时止,所用时间为该运动员的实用时间。超过规定时间成绩无效。

7.举办群众性无线电测向竞赛,还可包括与之相关的无线电知识考核和工程制作评比等,其具体评分方法,主办单位可视竞赛级别、规模等情况自行确定。

8.凡此规则中未涉及的测向竞赛共性问题,请参照标准(长)距离《无线电测向竞赛规则》执行。

三、无线电测向竞赛裁判法(2002 年修订)

第一章　总　则

第一条　《无线电测向竞赛裁判法》根据国家体育总局审定的《无线电测向竞赛规则》制定。

第二条　制定《无线电测向竞赛裁判法》的目的,是为保证无线电测向竞赛规则和规程的正确执行,使竞赛有法可依,有章可循,以利于公平竞争和竞技水平的发挥。

第三条　国家体育总局航空无线电模型运动管理中心负责制定、修改《无线电测向竞赛裁判法》。应届竞赛的组织委员会负责监督、检查其执行情况;裁判委员会负责执行裁判法,并在不抵触竞赛规则的前提下,根据具体情况,确定有关事宜,保证竞赛的顺利进行。

第四条　裁判员应严格履行《裁判员守则》,严肃、认真、公正、准确地执行裁判法。

第二章　各类裁判人员工作职责

第一节　总裁判长

第五条　总裁判长应遵循竞赛规则、规程与裁判法,全面领导应届竞赛的裁判工作。

第六条　负责组织裁判队伍,明确分工,对不公正和不称职的裁判人员进行调整、撤换。

第七条　召开裁判委员会(以下简称裁委会)会议,酌情制定裁委会通知和补充规定。召开裁判员和教练员联席会,说明和解答与竞赛有关的问题。

第八条　接受组委会领导,向组委会汇报工作,执行组委会的有关决定。将裁委会不能解决的问题提请组委会讨论。协调裁委会和组委会各机构的工作。

第九条　同隐蔽电台裁判长选择竞赛场地,确定布台方案,制定实施计划。

第十条　竞赛前组织各裁判组预习及运动员试机;竞赛时协同起点裁判长负责起点指挥台的工作。

第十一条　汇总、裁决竞赛中出现的问题,受理代表队提出的有关对裁判工作的申诉和意见。

第十二条 审核、签署竞赛成绩及运动员技术等级成绩证明单。

第十三条 副总裁判长协助总裁判长工作,完成裁委会分配的任务,必要时可兼任裁判长职务。

第二节 裁判秘书组

第十四条 裁判秘书长按照裁委会和总裁判长的要求,负责裁判委员会的日常工作,沟通各裁判组及对外联络。

第十五条 负责裁委会文书工作,如起草文件、通知和会议记录等。协调有关部门,及时为各裁判组提供裁判工作用品。

第十六条 掌握竞赛有关资料,配合有关部门,负责代表队报到及运动员资格审查。

第十七条 确定获得技术等级的运动员名单,并协助填写运动员技术等级的成绩证明单及协调印发成绩册。

第三节 起点裁判组

第十八条 起点裁判长

1.领导起点裁判组的工作,负责本组裁判员的分工、学习、训练和预习。

2.申请并检查落实本组所需竞赛器材用品。

3.赛前组织各队教练员进行人工抽签;或在仲裁委员的监督下,由成统裁判组协助进行电脑抽签,编排出运动员出发顺序表,交总裁判长审核后印发。

4.赛前备齐运动员使用的竞赛卡片或电子计时卡、地图等用品,提出竞赛注意事项及有关规定,报经总裁判长审批。

5.负责起点地区的场地布置(区域划分、竞赛会标、起点标志等),并设置起点出发线到跑道终端线两侧的标志(三角旗彩带等)。

6.代表队到达起点预备区后,负责点名、宣布注意事项(尚需以通知牌的形式公布)及组织交收测向机或耳机。

7.保证通信联络,负责指挥台的工作。

8.组织运动员出发;妥善安排参观人员。

9.与工作人员合作,分批组织好领队、教练及随队人员从起点到终点的转移。

10.监督、检查代表队及有关人员在起点地区对各项规定的执行情况。

11.负责收集、汇报每场竞赛本组裁判工作情况及运动员犯规情况。

第十九条 起点副裁判长:协助起点裁判长工作。

第二十条 监听裁判员:负责对隐蔽电台的监听工作,并准确地记录其开始和结束时间(精度到秒)、工作及故障情况,发现异常,及时向指挥台或隐蔽电台裁判长报告。

第二十一条 预备区裁判员:

1.协助维护预备区秩序,监督代表队的犯规行为。

2.负责测向机或耳机的集中管理及发放竞赛地图。

3.适时传呼运动员做出发准备;填写竞赛卡片或分发计时指卡并进行检录。

第二十二条　发令裁判员:

1.负责绘制起点出发线和跑道终端线,并在终端线两侧设置旗标。

2.按要求准备好发令器和发令旗,负责发令和监督出发区运动员的犯规行为。

第四节　隐蔽电台裁判组

第二十三条　隐蔽电台裁判长:

1.按竞赛规则要求,与总裁判长一起选择起点、终点和场地。

2.选择起点时,应具备能设置裁判工作区、预备区、出发区、百米跑道及必要时能设置参观区的条件。预备区应具封闭性,便于运动员做准备活动和休息,有集中放置测向机或耳机的场所。

3.选择终点时,应具备能设置信标台、终点跑道、裁判工作区、运动员休息区及参观区等条件。

4.制定两套以上的布台方案,提出各场竞赛的规定时间,并与总裁判长商定,写出实施计划。

5.领导本组全面工作,负责本组裁判员的分工、学习、训练和预习。

6.申请并检查落实本组所需各类竞赛器材用品。

7.负责各隐蔽电台的到位和难度设计。保持与各台的联络,随时掌握各台的工作情况。

8.经总裁判长同意,适时向起点裁判长提供足够的,标有起、终点(信标台)位置和出版时间、比例尺、等高距等说明的竞赛地图以及必要时向终点裁判长提供本场竞赛各隐蔽电台打卡器的卡孔标准式样或印记。

使用电子计时设备时,负责全部计时器的统一对表(或启动)。

9.酌情组织巡回裁判员,监督运动员在竞赛中的犯规行为。

10.及时处理和解决各隐蔽电台出现的问题;收集、汇报各电台工作情况和运动员犯规情况。

第二十四条　隐蔽电台副裁判长:协助隐蔽电台裁判长工作。

第二十五条　隐蔽电台裁判员:

1.赛前认真检查和熟练操作所分管的信号源等器材。提出每场竞赛应携带的物品清单,出发前和撤收时认真对照清单。

2.按要求到位和架设电台。架台时应顾及运动员和电台的安全,电台位置与点标及场地计时器、打卡器或作印器具之间的距离应不远于 4 米,点标上应明显标注电台的台号、呼号或工作频段。

3.按要求发出电台信号,并注意监听,若发现故障,应迅速排除或更换备用台,以保证竞赛的正常进行。

4.记录通过本台的运动员号码和到达时间(精确到分),监督和记载运动员的犯规行为,收留超时和退赛的运动员并及时报告终点。

5.注意守听和执行指挥台及隐蔽电台裁判长的指令,按要求汇报电台工作、运动员过台和犯规情况及按指示撤收电台。

第五节 终点裁判组

第二十六条 终点裁判长:

1.领导终点裁判组的全面工作。

2.申请并检查落实终点所需各类竞赛器材用品。

3.竞赛中,审核竞赛卡片或读出、打印计时指卡的有关信息,并及时交成绩统计裁判组。

4.通过联络台及时了解竞赛中的有关情况,并随时掌握运动员的到达情况。

5.按要求架设好信标台(竞赛地图中终点符号◎的中心,应是信标台的位置),并保证其正常工作。

6.与工作人员配合,组织、安排好到达终点的运动员和代表队其他人员休息、参观或乘车返回住地。

7.负责收集和汇报每场竞赛本组的工作及运动员犯规情况。

第二十七条 终点副裁判长:协助终点裁判长工作。

第二十八条 终点联络裁判员(可由终点裁判长或副裁判长兼):保持与起点指挥台联络畅通,接收和向有关人员转达指挥台的指令和信息,按要求及时向指挥台汇报到达终点的运动员人数等情况。

第二十九条 终点记录和验收裁判员:准确记录到达终点的运动员号码和通过时间,回收竞赛卡片或计时指卡,检验有效找台数,并将到达时间和有效找台数登记在竞赛卡片上或输入读出器打印出来。

第六节 成绩统计裁判组

第三十条 成绩统计裁判长:

1.申请并检查、落实本组所需的各类竞赛器材用品。

2.协助起点裁判长进行电脑抽签和运动员出发顺序编排。

3.根据竞赛规则和规程要求,负责竞赛成绩的统计和公布。

4.负责提供竞赛成绩册样本,并及时交秘书长安排印发。

第三十一条 成绩统计裁判员:按要求编制各种统计表格,录入各种数据,并准确地进行统计工作。

第七节　技术裁判组

第三十二条　技术裁判长

1. 申请并检查、落实本组所需各类竞赛器材用品。

2. 根据竞赛规则和规程要求,检验测向机的辐射度和发信设备的技术指标。

3. 负责理论试卷的命题、考核和判卷等组织工作。

第三十三条　技术裁判员:按要求检验测向机和发信设备并进行登记。对合格者做出标记;不合格者限期修理并复验;有争议的交技术裁判长裁决。

第三章　裁判工作规范

第一节　竞赛出发顺序的编排

第三十四条　竞赛前在仲裁的监督下,由成统裁判组进行电脑抽签或由起点裁判长组织代表队进行人工抽签,各获得一个签号。然后根据"等间隔编排法"和签号,确定同队所有运动员的出发批次。

等间隔编排的基本方法:

1. 根据竞赛规程,确定参赛队总数 T、每队同组别最多允许选手人数 G、同场竞赛的不同组别数 I。

2. 总出发批次 $P=T \times G$,同队同组别选手的间隔批次 $A=T$,同队不同组别的间隔批次 $B=T/I$(当有余数时,B 取整数再加一)。

3. 根据 A、B、P 计算出抽签单上的出发批次。

计算举例:某抽签单签号为 N,同场竞赛有三个组别,每一组别有 3 名选手,该抽签单上各组别的出发批次是:

男子组:选手 1 第 N 批,选手 2 第(N+T)批,选手 3 第(N+2T)批。

女子组:选手 1 第(N+B)批,选手 2 第(N+B+T)批,选手 3 第(N+2B+2T)批。

当出发批次的计算结果大于 P 时,应取其与 P 的差值。

计算举例:某场竞赛队总数 T=6,同组人数=3,不同组别 I=3,签号 N=6,$P=T \times G=18$。

此时青年选手 3 的出发批次应为 N+2B+2T=22,大于 P,故该选手的正确出发批次是 22-18=4(批)。

第三十五条　为控制竞赛总时间,可由总裁判长确定增加每一批同组别(不同队)运动员的出发人数,以减少总出发批次。

第二节　测向机辐射度的检验

第三十六条　检验场地应为室外场地。在测试方向上长 20 米、宽 5 米以内应无障碍物、

电力线或其他电磁干扰源。

第三十七条　检验测向机辐射信号用的 80 米波段或 2 米波段接收机分别架设高度

为 2 米的垂直天线或水平半波振子天线（振子长度 0.9～0.95 米，振子位于最大场强的接收方向）。

第三十八条　将被检验的测向机置于最高灵敏度状态，工作频率分别调定在竞赛频段的低端和高端，并将最大辐射方向对准相应波段的接收机天线。当接收机收听不到辐射信号或收声距离不大于 10 米时为合格。在竞赛频段内任一频率的辐射信号均不得超过 10 米。

第三节　竞赛场地的确定

第三十九条　根据第九条和第二十三条，在赛前选定足够的竞赛场地，并由隐蔽电台裁判长负责在竞赛地图上标明起点和终点的位置。

第四十条　在竞赛开始前 12 小时内，由隐蔽电台裁判长和总裁判长以抽签的方式确定布台方案。

第四十一条　在特殊情况下，总裁判长有权临时改变竞赛方案。

第四节　犯规行为的认定

第四十二条　对处以增加测向时间 5 分钟以内的任何犯规行为，由裁判员认定；对处以增加测向时间 5 分钟或 5 分钟以上的任何犯规行为，由裁判长认定。

第四十三条　对非经裁判员直接认定的犯规，需经裁判委员会审核后按第四章犯规与处罚规定处理。

第五节　成绩统计

第四十四条　个人单项成绩：为运动员参加该项目的所有测向成绩相加。

第四十五条　个人全能成绩：在 80 米和 2 米两波段测向成绩均有效的运动员中评定，将其各场竞赛的测向时间和附加项目成绩（即理论考试和犯规处罚等折合的成绩）相加。

第四十六条　团体成绩：队团体成绩以竞赛中各队运动员的成绩相加评定；组别单项团体成绩以其中 2 名最好运动员的成绩相加评定。

第四十七条　按有效场次、找台数、测向时间的顺序评定名次。成绩均相同时，名次并列，空出下一名次。

第六节　裁判器材故障和裁判技术失误

第四十八条　隐蔽电台或其他竞赛器材发生故障，称裁判器材故障。因技术原因造成竞赛计划执行过程中出现偏差的，称裁判技术失误。

第四十九条　出现裁判器材故障，应即予排除并及时向指挥台报告处理情况。发生裁判技术失误应由总裁判长提出纠正方案。

第五十条　隐蔽电台发信时间误差或起点监听台无法辨认其呼号的情况超过 40 秒，按一轮故障处理。若发生隐蔽电台发信时间正确但电码点划有连、缺现象；或隐蔽电台信号减弱但起点监听台可以辨认其呼号的情况，则不按故障处理。

第四章　犯规与处罚

第一节　警告处罚

第五十一条　下列情况给予警告处罚：

1. 代表队成员擅自出入起点预备区但未造成后果者；

2. 将无线电通信设备带入竞赛场地；

3. 运动员未按规定跑道跑出起点终端线的。

第二节　增加测向时间的处罚

第五十二条　运动员在起点出发时抢跑，增加测向时间 1 分钟。

第五十三条　运动员出发后又重返起点出发区或参观区，但未与本队成员接触者，增加测向时间 3 分钟。

第五十四条　运动员出发后又重返起点预备区，但未与本队成员接触者，增加测向时间 5 分钟。

第五十五条　竞赛中运动员有询问或讲话的一般行为，增加测向时间 5 分钟。

第五十六条　竞赛中运动员有涉及电台方向的言论，当事者增加测向时间 10 分钟。

第三节　少找一台的处罚

第五十七条　下列情况判该队未出发、成绩最好的运动员少找一台：

1. 领队、教练及随队人员偷测电台信号；

2. 已出发的运动员重返预备区并与本队有接触的；

3. 代表队其他成员在竞赛场地使用无线电通信设备的。

第五十八条　下列情况判当事者少找一台：

1. 运动员在前往赛区途中或在起点地区偷测电台信号；

2. 运动员在搜索中造成隐蔽电台故障者；

3. 运动员在竞赛场地使用无线电通信设备的；

4. 竞赛中损坏运动员过台记录设备；

5. 运动员在竞赛中互相提供器材、地图或技术性援助的。

第五十九条　在竞赛途中，运动员之间有明显涉及电台方向的言行，视情节和后果判少找一部或数部电台。

第六十条　超时 30 分钟，无正当理由不向就近裁判员报到者，判其后批出发的本队成绩最好的运动员少找一台。

第六十一条　竞赛卡片上的印记或卡孔无法辨认时，不计该台成绩。非运动员本人取得过台记录所寻找的电台，均为无效台。

第四节　取消本场成绩的处罚

第六十二条　下列情况判该运动员本场成绩无效：

1. 丢失号码布、竞赛卡片或计时指卡者；

2.竞赛中使用交通工具者;

3.不带测向机或使用与竞赛项目不符的测向机者。

第六十三条　超过规定时间到达终点线者,本场成绩无效。因犯规增加测向时间而超过规定时间者,不以超时论。

第六十四条　以带人等不正当手段搞投机取巧或冒名顶替参加竞赛,取消参与者本人成绩。

第五节　取消竞赛资格的处罚

第六十五条　取消该运动员本场竞赛资格:

没有佩带大会颁发的号码布。

第六十六条　下列情况判取消其竞赛资格:

1.在分年龄组的竞赛中,不符合年龄标准或谎报年龄,弄虚作假者;

2.破坏、伪造竞赛器材用品者。

第六十七条　下列情况不能参加竞赛:

1.在青少年竞赛报到时,无竞赛规程规定的出生证明者;

2.经检验,测向机不符合竞赛规则规定者。

第六十八条　竞赛前,代表队不遵守规定进入封闭场地,取消代表队竞赛资格。

第六节　其他处理

第六十九条　运动员未按要求到达竞赛起点地区或在下一批运动员已进入出发线而仍未到达者,以退赛论。

第七十条　出发前,运动员因故退赛,领队或教练员应向起点裁判长递交书面报告,并约束退赛队员随领队、教练员活动,否则给予适当处罚。

第七十一条　竞赛途中,运动员因伤病或机器发生故障而不能继续竞赛者,以退赛论。退赛后,应尽快向就近裁判员报告及听从裁判员安排,不得私自返回住地,否则给予适当处罚。

第七十二条　运动员所用器材、用品(包括应急用品)、号码布等遗忘在住地、起点预备区或转移时被带往终点,裁判员不负责解决。

第七十三条　未出发的运动员或其领队、教练员擅离预备区又重返预备区,并造成后果者,视情节对该队未出发、成绩最好的运动员给予处罚。

第七十四条　运动员已被传呼进入出发线,因号码布未佩带好,裁判员令其纠正时,所耽误的时间由运动员本人负责。

第七十五条　运动员破坏隐蔽电台伪装,视情节轻重给予处罚。

第七十六条　运动员在竞赛中损害群众利益,视情节给予处罚。因损害群众利益被扣留和没收机器等情况而影响竞赛,由本人负责。造成的后果及经济损失由本队负责。

第五章 裁判工作用品、表格及图例

第七十七条 裁判秘书组用品:

1.各类文秘用品:纸、笔、刀、尺、胶水/带、订书机/钉、曲别/大头针、涂改液、文件夹、档案袋等若干及工作包2个。

2.临时用文件柜及桌椅。

第七十八条 起点裁判组用品:

1.监听机:80米及2米波段测向机各2部(含备份)。

2.联络设备:非竞赛使用频率的对讲机2部(含备份)。

3.计时器:5个;发令器:2部;发令旗:(红色)1面(尺寸见图5-2-1a)。

4.起点跑道终端线标志旗(红色):2~8面(尺寸见图5-2-1b)。

5.竞赛会标大横幅:1面、起点小横幅(国内赛书写中英文;国际赛书写英文):1面(白底红字,见图5-2-2)及张挂绳索等若干。

6.放置测向机用的塑料布(或其他代用品)20×1.5米及代表队标志(25×10厘米/个)若干。

7.区域划分标志牌:预备区、参观区、工作区、放机区、卡片填写处各1块(白底红字),尺寸见图5-2-3。

8.裁判工作桌:(三屉)3~5张;椅子:10~15把。

9.手提喊话器:1个;小黑板:1块。

10.画线用白灰若干及其工具。

11.大遮阳伞:3~5把;跑道彩带:约100米。

12.太阳帽、笔、雨衣等每个裁判1份;文件夹:酌情分发;器材包2~3个。

13.起点用表格:运动员出发顺序表、竞赛卡片、监听情况登记表、运动员犯规情况登记表,见附表1-4。若采用电子计时,则不用竞赛卡片,需备清除器及起点计时器各1~2个。

14.监听机、对讲机、发令器及手提喊话器等所需电池若干。

第七十九条 隐蔽电台裁判组用品:

1.隐蔽电台:按竞赛规程所设项目,备齐80米和2米波段测向信号源各两套,并配印有电台呼号和工作频段的点标(式样和规格见图5-2-5)。

2.监听机:条件具备时,每个隐蔽电台配80米或2米波段监听用测向机1部。

3.联络设备:非竞赛使用频率的对讲机6~12部。计时器:6个;各类设备所需电池若干。

4.作印或打卡器具或场地计时器:每个隐蔽电台1套(见图5-2-4)。

5.防雨塑料布:5~10块(每块2×2米)。

6.运动员出发顺序表:每台1份;运动员过台及犯规登记表:若干。

7.水壶或饮料、雨衣或太阳帽、笔及文件夹等,每个裁判1份;器材包:5～10个。

第八十条 终点裁判组用品:

1.联络设备:非竞赛使用频率的对讲机2部(含备份)。

2.各竞赛频段的信标台:各2部(含备份);监听机各1部。

3.计时器:3～5个;手提喊话器:1部。

4.终点横幅(含张挂绳索):1面(见图5-2-6);终点线标志旗:2面(红色,规格见图5-2-1);终点跑道彩带:约50～100米。

5.区域划分标志牌:工作区、休息区、参观区、竞赛卡片或计时指卡收交处各1块(规格见图5-2-3)。

6.若采用普通打卡,需备印章印记或卡片齿孔式样(按波段、组别划分),见图5-2-7、5-2-8。若采用电子计时,则需备终点计时器2～4个、读出器1～2个及小型打印机1～2台。

7.画线用白灰若干及其工具;大遮阳伞:3～5把。

8.裁判用桌子(三屉):3～5张;椅子:8～15把。

9.太阳帽、笔、雨衣等,每个裁判1份;文件夹3～5个;器材包:2个。

10.终点用表格:运动员出发顺序表及犯规情况登记表(见附表1、4)各若干份。

第八十一条 成绩统计裁判组用品:

1.成绩统计用电脑(含成统软件):手提电脑2部(含3寸盘若干)及便携打印机1部;台式电脑及激光打印机(含配套硒鼓)各2台;防雨塑料布5米(宽幅)。

2.现场成绩公布板:1～2块。

3.各类文具用品:A4、B5复印纸各2包、文稿纸1本、大信封10、小信封50、档案袋5个、圆珠笔、签字笔及铅笔各2～3支、油性彩笔及水彩笔各1支、粉笔10支、透明胶带纸及两面胶纸各1卷、胶水及涂改液各1瓶、曲别针、大头针及订书钉各1盒、橡皮1块、皮筋4把、订书机1个、1米以上及30厘米直尺各1把、小剪刀、小刀及推拉工具刀各1把、小铁夹子12个、文件夹板2～3个。

4.器材包:2～3个。

第八十二条 技术裁判组用品:

1.灵敏度为3～5微伏的含竞赛频段的接收机1部。

2.测试辐射度用的接收天线(规格参见第三十六条)1副。

3.测试用的工具及桌椅若干。

第八十三条 竞赛用表格:

1.无线电测向竞赛运动员出发顺序表(附表1)。

2.竞赛卡片(附表2)。

3.监听情况记录表(附表3)。

4.运动员犯规情况登记表(附表 4)。

5.竞赛成绩表(附表 5、6)

6.运动员出发顺序抽签表(附表 7)。

7.运动员技术等级成绩证明单(附表 8)。

附录一　部分竞赛器材规格图例(尺寸单位:厘米)

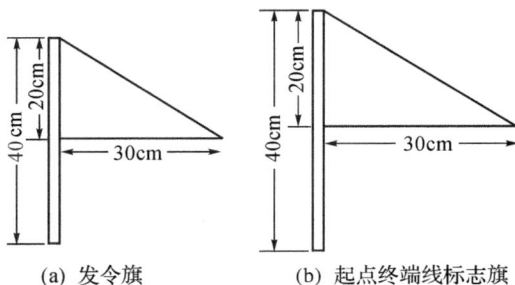

(a) 发令旗　　(b) 起点终端线标志旗

图 5-2-1　标志旗

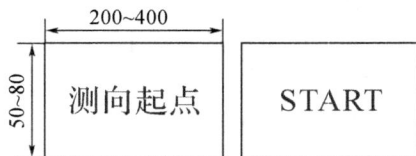

图 5-2-2　起点横幅

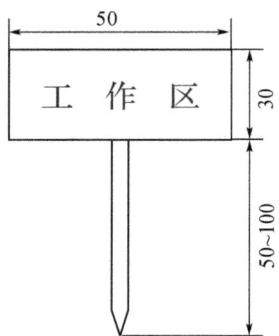

图 5-2-3　区域划分标志牌

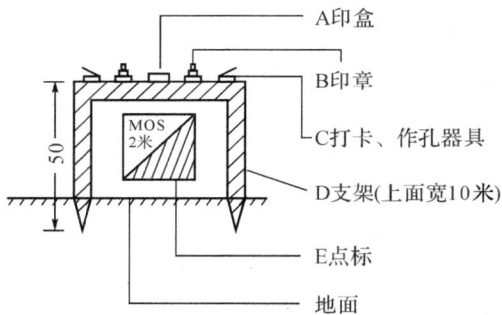

图 5-2-4　作印　打卡器器具

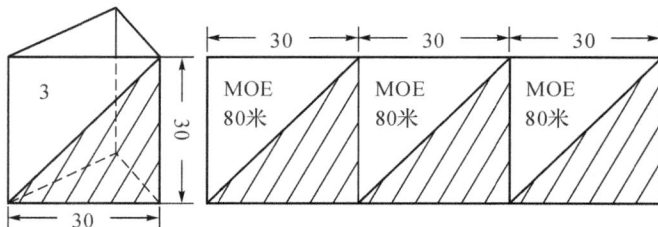

图 5-2-5　点标

注:

1.点标注明用纺织品制成,并用硬物支撑成三面棱柱体;

160

2.每面均以对角线分成两部分。左上部为白色,右下部为红色或橙色;

3.白色部分印有点标的标号或隐蔽电台呼号及其工作频段。

附录二 竞赛表格样式

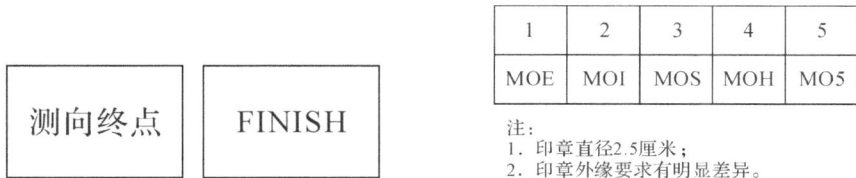

测向终点	FINISH

图 5-2-6 终点横幅

1	2	3	4	5
MOE	MOI	MOS	MOH	MO5

注:
1. 印章直径2.5厘米;
2. 印章外缘要求有明显差异。

图 5-2-7 印章图样

附录三 竞赛场地示意图

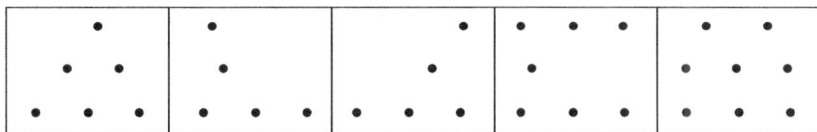

图 5-2-8 打卡器孔图案例

附录四

附表1 无线电测向运动员出发顺序表

项目:　　　级别:　　　　　时间:　　　　　裁判员:

批次	运动员号码	队别	出发时间	备注	批次	运动员号码	队别	出发时间	备注
1					5				
2					6				
3					7				
4					8				

附表 2　竞赛卡片(短距离)

队别：　　号码：　　项目：　　批次：　　出发时间：

有效台数：　　　　　　到达时间：

卡片长为 15 厘米,宽为 5 厘米。

竞赛卡片(标准距离)

队别：　　号码：　　项目：　　批次：　　出发时间：

有效台数：　　　　　　到达时间：

附表 3　监听情况记录表(短距离)

项目：　　　　　时间：

发信时间	1 号	2 号	3 号	4 号	5 号	6 号	7 号	8 号	9 号	0 号	注明

监听情况记录表(标准距离)

项目：　　　　　时间：

发信时间	1 号	2 号	3 号	4 号	5 号	注明

注:1.工作正常画""；不正常时以"少 X 秒"、"早 X 秒"、"未发"等简语记入,在注明栏内写明故障情况。

　2.遇有故障时,应详细、精确记录故障开始与结束的时间(秒),便于成绩统计时折算应扣除的竞赛时间。

　3.用 16 开纸印。

附表 4　运动员犯规情况登记表

项目：　　　　　犯规时间：　　　　　运动员号码：

犯规情况			裁判员：
裁判委员会意见		总裁判长意见	总裁判长：

附表 5 团体竞赛成绩表

队别	测向总时间	找台数	名次	备注

成绩统计裁判长：　　　　　　　　总裁判长：

年　　月　　日

附表 6 个人(单项)成绩表

队别	姓名	测向时间	台数	名次	备注

成绩统计裁判长：　　　　　总裁判长：　　　　　年　　月　　日

附表 7 运动员出发顺序抽签单

签号：　　　队别：　　　项目：　　　日期：

男子第　　批:号码　　　;第　　批:号码

女子第　　批:号码　　　;第　　批:号码

青年第　　批:号码　　　;第　　批:号码

教练员签名：

注:签号及各批次均由裁判人员在抽签前填好,其余各项由教练员填写。

附表 8　　运动员技术等级成绩证明单

项目		成绩		姓名		性别	
						年龄	
竞赛名称							
竞赛地点							
竞赛日期及时间							
创造成绩时的情况							
裁判员		姓名		裁判员职务		裁判员级别	
		总裁判签名					
主管机关审查				盖章：　　年　　月　　日			

注：1. 创造成绩时的情况栏，必须按规则详细填写，并登记理论考试成绩。

　　2. 本表用 16 开纸印刷。

第三节　校园小型竞赛与活动的组织与实施

一、竞赛项目和组别设置

竞赛项目：短距离 2 米波段（144～146MHz）、80 米波段（3.5～3.6MHz）测向个人计时赛、淘汰赛、团体赛。测向机制作评比及其他电子拼装。

校园短距离无线电测向也可因人、因地制宜，根据不同情况设立不同组别，可以按年级、班级、寝室、系别、学院等来设置组别。

二、选择竞赛场地

竞赛场地的选择应符合竞赛规则的要求,可选择在校园植被较好的地区,但要避开危险地带;起、终点应尽可能靠近或相互共用,终点位置应向运动员宣布并十分明确或有信标台指引。

三、设计竞赛路线

校园短距离 80 米波段竞赛设置 3 至 10 部隐蔽电台,起点与各台及各台间距为 30～200 米,并互相看不见,全程总距离小于或等于 1 千米。校园短距离 2 米波段隐蔽电台的设置数通常大于各组别运动员的找台数(全国赛通常设置 10 部)。设台位置可选择在运动员能接近的地点或运动员看不见无法接近的地方(运动员寻找电台时,不可触摸电台)。

四、隐蔽电台

校园短距离 2 米波段隐蔽电台(信号源)的发射频率为 144～146MHz,载波功率 0.1～0.5W,采用 400～1500Hz 音频进行脉冲调制,工作频率间隔不低于 50kHz,发射垂直极化波。

各台连续拍发 1 或 2 个字符(数字或字母)表示的摩尔斯电码,其呼号见表 5-3-1。

表 5-3-1　2 米波段隐蔽电台呼号

1 台	• — — — —	6 台	— • • • •	MA	— —　• —
2 台	• • — — —	7 台	— — • • •	MU	— —　• • —
3 台	• • • — —	8 台	— — — • •	MV	— —　• • • —
4 台	• • • • —	9 台	— — — — •	M4	— —　• • • • —
5 台	• • • • •	0 台	— — — — —	M5	— —　• • • • •

在隐蔽电台(含假台)附近(方圆约 2 米内)设置点标及计时、作印设备(无线计时座、打卡器或印章等)。点标悬挂(高度 1.5 米)或置于地面。2 米波段竞赛时可设若干个"假台"(以不发射信号或发射非规定所找台呼号的电台),运动员发现"假台"不得作印。错找假台又未更正的,不计本台成绩,而且要扣除与错找假台数相应的已找台数。

校园短距离 80 米波段隐蔽电台(信号源)的发射频率为 3.5～3.6MHz 选定,各台不在同一频率上工作,发射功率为 0.3～1W,采用水平平面无方向的直立天线发射垂直极化波。

各台连续自动拍发等幅电报,其呼号见表 5-3-2。

表 5-3-2　80 米波段隐蔽电台呼号

0 台 MO	——　———		
1 台 MOE	——　———•	或 1 •————	6 台　—••••
2 台 MOI	——　———••	或 2 ••———	7 台　——••••
3 台 MOS	——　———•••	或 3 •••——	8 台　———••
4 台 MOH	——　———••••	或 4 ••••—	9 台　————•
5 台 MO5	——　———••••••••	或 5 •••••	

离隐蔽电台方圆约 2 米内，设置点标（悬挂高度 1.5 米或置于地面）及计时、作印设备（无线计时座、打卡器或印章等）。

五、参赛要求及竞赛方法

符合竞赛规则和规程的运动员可获得参加竞赛的资格。运动员应自觉遵守竞赛规则、规程和有关规定。

运动员需自备测向机及计时器。

赛前，以抽签方式（电脑或人工抽签）确定运动员的出发批次或赛位；每批出发 1~6/8 人；每批出发间隔时间为 1~3 分钟。

每场竞赛的规定时间、出发间隔时间、各组别找台数及台号、建议找台顺序、终点是否设信标台等，赛前由起点裁判长向运动员宣布，并用公告牌公布。

运动员需按要求佩带好号码布和携带好竞赛卡片或计时卡。

运动员必须以徒步方式独立完成竞赛，不得协助他人或获取他人协助。

运动员找到隐蔽电台时，应在竞赛卡片上按规定自行打卡或作印或在计时卡座上计时（信标台无须寻找），以作为该台的凭证。

运动员通过终点线后，应立即主动交验竞赛卡片或计时卡。竞赛卡片/计时卡或号码布丢失，成绩无效。未按要求打卡、作印或印记无法辨认的，该台成绩无效。

成绩评定：运动员从获得出发令起到按要求的顺序找台并通过终点线止，所用时间为该运动员的使用时间，超过规定时间，成绩无效。

运动员或代表队其他成员（领队、教练及随队人员）违犯竞赛规则及有关规定，按无线电测向"犯规与处罚"的有关条款处罚。

第六章　大学生体质健康标准测试及锻炼方法

国民的体质与健康是社会生产力的组成要素,也是关系到一个民族的强盛与国力兴衰的大事。大学生肩负着祖国建设的重任,应当了解自身的体质健康状况,进行科学的锻炼,不断提高体质与健康水平。

《国家学生体质健康标准》(2014 年修订,以下简称《标准》)的制定与实施,就是落实《国家中长期教育改革和发展规划纲要(2010—2020 年)》,落实"健康第一"指导思想的具体措施。《标准》作为促进学生体质健康发展、激励学生积极进行身体锻炼的教育手段,是学生体质健康的个体评价标准,也是学生毕业的基本条件之一。因此,每年一次的《国家学生体质健康标准》测试,可以让学生清楚地了解自己的体质与健康状况,帮助学生监测一年来体质与健康状况发生变化及变化的过程,检查评定增强体质的效果,分析影响体质强弱的因素,从而采取相应的措施,促进学生积极参加体育锻炼,养成良好的锻炼习惯,切实提高学生的体质和健康水平。

第一节　《国家学生体质健康标准》测试项目与评价指标

一、体质

体质(Physical Constitution)即人体质量,是指人体在先天的遗传性与后天获得性的基础上所表现出来的形态结构、生理机能、心理因素、身体素质、运动能力等方面综合的、相对稳定的特征。遗传是人的体质发展变化的先天条件,对体质的强弱有重大影响,但体质的强弱还取决于后天的环境、营养、保健、运动锻炼等多种因素。体质的形成、发展和衰竭过程具有明显的个体差异和年龄特征。物质生活条件是决定体质强弱的基本条件,而运动锻炼则是增强体质、增进健康的最积极最有效的手段。

体质的范畴主要包括以下五个方面。

1. 身体形态发育水平。即体型、姿势、营养状况、体格及身体成分等。

2. 生理机能水平。即机体新陈代谢水平以及各器官系统的工作能力。

3. 身体素质和运动能力发展水平。即心肺耐力、柔韧性、肌肉力量和耐力、速度、爆发力、平衡、灵敏、协调、反应等身体素质及走、跑、跳、投、攀、爬等身体活动能力。

4. 心理发育(或心理发展)水平。即机体感知能力、个性、意志等。

5. 适应能力。即对内、外环境条件的适应能力,应急能力和对疾病的抵抗力。

这五个方面的综合状况是否处在相对稳定的状态,决定着人们的不同体质水平。

二、《国家学生体质健康标准》的测试项目

根据 2014 年修订版《标准》,大学生需要进行体质健康测试的项目共七项:身高体重;肺活量;50 米跑;坐位体前屈;立定跳远;引体向上(男)/1 分钟仰卧起坐(女);1000 米跑(男)/800 米跑(女)。

三、《国家学生体质健康标准》评价指标与权重

《国家学生体质健康标准》评价指标与权重见表 6-1-1。

表 6-1-1

测试对象	单项指标	权重(%)
全日制学生	体重指数(BMI)	15
	肺活量	15
	50 米跑	20
	坐位体前屈	10
	立定跳远	10
	引体向上(男)/1 分钟仰卧起坐(女)	10
	1000 米跑(男)/800 米跑(女)	20

注:体重指数(BMI)=体重(千克)/身高^2(米^2)

第二节　《国家学生体质健康标准》测试的操作方法

在实施《标准》的过程中,掌握各项目正确的测试方法是所有测评人员、学生需要了解的内容。测试工作必然和所使用的测试仪器有一定的关系,现在测试器材多种多样,有全手工操作的,也有电子仪器。手工操作与电子仪器的操作流程不完全相同。如使用带有 IC 卡的测试仪器就可以减少测试人员的记录和计算工作。但无论使用何种仪器,对测试人员的基本操作要求是一致的,对于不同的测试器材,可参考相应测试器材的说明书。

一、身高体重

1.测试目的

测试学生的身高体重，评定学生的身体匀称度，评价学生生长发育的水平及营养状况。

2.测试方法

测试时，受试者赤足，立正姿势站在身高体重计的底板上（上肢自然下垂，足跟并拢，足尖分开约成60°）。如图6-2-1、图6-2-2，足跟、骶骨部及两肩胛区与立柱相接触，躯干自然挺直，头部正直，耳屏上缘与眼眶下缘呈水平位，站稳后屏息不动，水平压板自动轻轻沿立柱下滑，轻压于受试者头顶。

图 6-2-1

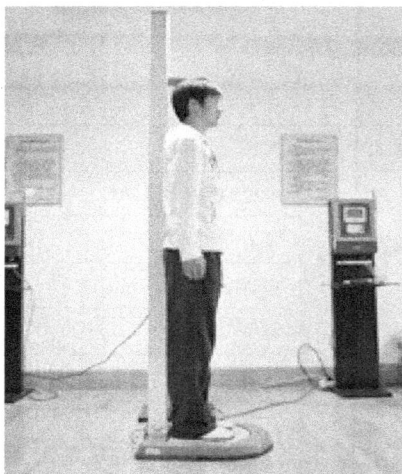
图 6-2-2

3.注意事项

（1）测量计应选择平坦靠墙的地方放置，立柱的刻度尺应面向光源。

（2）受试者在测试时保持直立姿势，足跟、骶骨、肩胛骨贴近立柱，耳屏上缘与眼眶下缘呈水平位。

（3）受试者在测试时需站在底座踏板中央，上下踏板动作要轻，保持身体姿势稳定。

（4）受试者在进行身高体重测试前，应避免进行剧烈体育活动和体力劳动。

二、肺活量

1.测试目的

测试学生的肺通气功能。

2.测试方法

房间通风良好,使用干燥的一次性吹嘴(非一次性吹嘴则每换测试对象需消毒一次)。受试者进行一两次较平日深一些的呼吸动作后,更深地吸一口气,然后屏住气向吹嘴处以中等速度和力度慢慢呼出至不能再呼为止,测试中不得中途二次吸气。液晶屏上最终显示的数字即肺活量毫升值。每位受试者测三次,每次间隔 15 秒,记录三次数值,测试仪器自动选取最大值作为测试结果。

3.注意事项

(1)测试时呼气动作只能一次性完成,不得中途二次吹气。

(2)吸气时不得将口对着吹嘴,呼气时不得用手堵住吹筒出气孔。

(3)电子肺活量计的计量部位的通畅和干燥是仪器准确的关键,手持外设施,请将电池仓与液晶屏朝上,防止水汽回流。

(4)每测试 100 人及测试完毕后及时用干棉球清理和擦干气筒内部,严禁用水、酒精等任何液体冲洗气筒内部。

(5)定期校对仪器。

三、800 米跑(女)或 1000 米跑(男)

1.测试目的

测试学生耐力素质的发展水平,特别是心血管呼吸系统的机能及肌肉耐力。

2.测试方法

受试者站立式起跑,手带外设腕表,听到"预备、跑"指令声后,即可开始起跑,冲过终点线,受试者躯干部到达终点线的垂直面时,则测试结束。

3.注意事项

(1)测试时应注意液晶腕表报告剩余圈数,以免跑错距离。

(2)跑完后应保持站立并缓慢走动,不要立即坐下,以免发生意外。远离终点线 5 米以外,不得立即返回到主机附近。

(3)不得穿皮鞋、塑料凉鞋、钉鞋参加测试。

四、立定跳远

1.测试目的

测试学生下肢爆发力及身体协调能力的发展水平。

2.测试方法

受试者两脚自然分开站立,站在起跳线后,脚尖不得踩线,听到开始测试指令,即可开始起跳,不得有垫步或连跳动作,从起跳区进入测量区后,向前走出跳毯,完成测试。每人试跳三次,记录其中成绩最好的一次。

3.注意事项

(1)起跳时,脚尖不得踩线,若听到犯规提示"滴滴"声,应在脚下不离开跳毯情况下往后挪动,直至听不到蜂鸣声即可。

(2)两脚原地同时起跳,不得有垫步或连跳动作,落地后向前或侧面离开跳毯方可进行下次测试。

(3)可以赤足,但不得穿钉鞋、皮鞋、塑胶凉鞋参与测试。

五、50米跑

1.测试目的

测试学生速度、灵敏素质及神经系统灵活性的发展水平。

2.测试方法

受试者至少两人一组测试。站立起跑,受试者听到"跑"的口令后开始起跑,发令员在发出口令同时要摆动发令旗,计时员视旗动开表计时,受试者躯干部到达终点线的垂直面停表。以秒为单位记录测试成绩,精确到小数点后一位,小数点后第二位数按非零进一原则进位,如10.11秒读成10.2秒记录。

3.注意事项

(1)受试者测试最好穿运动鞋或平底布鞋,赤足亦可。但不得穿钉鞋、皮鞋、塑料凉鞋。

(2)发现有抢跑者,要当即召回重跑。

(3)如遇风时一律顺风跑。

六、坐位体前屈

1.测试目的

测量学生在静止状态下的躯干、腰、髋等关节可能达到的活动幅度,主要反映这些部位的关节、韧带和肌肉的伸展性和弹性及学生身体柔韧素质的发展水平。

2.测试方法

如图6-2-3,受试者坐在仪器上两腿伸直,两脚平蹬测试纵板,两脚分开约10～15厘米,上体前屈,两臂伸直向前,用两手中指尖逐渐向前推动游标,直到不能前推为止。测试计的脚蹬纵板内沿平面为0点,向内为负值,向前为正值。测试两次,取最好成绩。

3.注意事项

(1)身体前屈,两臂向前推游标时两腿不能弯曲。

(2)受试者应匀速向前推动游标,不得突然发力。

图 6-2-3

七、仰卧起坐

1.测试目的

测试学生的腹肌耐力。

2.测试方法

如图 6-2-4,受试者仰卧于垫上,两腿稍分开,屈膝呈 90°左右,两手指交叉贴于脑后。另一同伴压住其踝关节,以固定下肢。图 6-2-5,受试者坐起时两肘触及或超过双膝为完成一次。仰卧时两肩胛必须触垫。测试人员发出"开始"口令的同时开表计时,记录 1 分钟内完成次数。1 分钟到时,受试者虽已坐起但肘关节未达到双膝者不计该次数。

图 6-2-4

图 6-2-5

3.注意事项

(1)如发现受试者借用肘部撑垫或臀部起落的力量起坐时,该次不计数。

(2)测试过程中,观测人员应向受试者报数。

八、引体向上

1.测试目的

测试学生的上肢肌肉力量的发展水平。

2.测试方法

如图 6-2-6,受试者跳起双手正握杠,两手与肩同宽成直臂悬垂。如图 6-2-7,静止后,两臂同时用力引体(身体不能有附加动作),上拉到下颌超过横杠上缘为完成一次。

图 6-2-6

图 6-2-7

3.注意事项

(1)受试者应双手正握单杠,向上引体,吸气,注意抬头挺胸,上体尽量后仰,两肘外展,肩部放松,背部肌肉收紧,将身体向上拉引,下颌超越横杠。

(2)引体向上时,身体不得做大的摆动,也不得借助其他附加动作撑起。

(3)两次引体向上的间隔时间超过 10 秒停止测试。

第三节 《国家学生体质健康标准》主要测试项目锻炼手段与方法

一、50 米跑

1.技术要领

(1)起跑:50 米一般采用站立式起跑,双脚一前一后站立,双腿屈膝,后腿大约曲 120°,两臂一前一后自然曲臂准备,弯腰重心前倾,两眼看前下方 5～6 米处,注意力集中到耳部听发令。

（2）加速跑：起跑后保持重心前倾加速，尽量晚抬头晚抬体，避免因抬头而引起抬体过快过早增大阻力。

（3）途中跑：途中跑任务是继续发挥和保持高速跑，在途中跑过程中，要求大腿迅速前摆，步幅大，两臂协调配合，加大摆动腿前摆幅度和速度，两腿快速交换步频，上下肢的协调配合，才能取得良好效果。

（4）冲刺跑：要求尽量保持步频、步幅，身体前倾，冲刺。

图 6-3-1

2.锻炼手段

（1）技术练习：高抬腿、后蹬跑、起跑练习、摆臂练习、摆腿练习、冲刺跑。

（2）爆发力的提高可采用超等长收缩和跳跃练习，例如跳深、障碍跳、跨步跳、单足跳等。

（3）速度练习：行进间的冲刺跑——例如 20 米加速＋20 米冲刺跑、快速高抬腿接加速跑、30～50 米加速跑。

（4）力量练习：深蹲、半蹲、后抛、抓举、提踵等。

3.锻炼方法

（1）20～40 米行进间快跑练习。

（2）4×50～250 米接力跑、加速跑、追赶跑练习。

（3）短距离组合跑（20 米＋40 米＋60 米＋80 米＋100 米）×2～3 组或（30 米＋60 米＋100 米＋60 米＋30 米）×2～3 组。

（4）短距离变速跑 100～150 米（30 米快跑＋20 米惯性跑＋30 米快跑＋20 米惯性跑），3 次×2～3 组。

（5）反复跑 300～600 米，4～5 次×2～3 组。

（6）小步跑转入加速跑，50～60 米；高抬腿跑转入快速跑，50～60 米；后蹬跑转入快速跑，50～60 米。

二、立定跳远

1.技术要领

（1）预摆：两脚左右开立，与肩同宽，两臂前后摆动，前摆时，两腿伸直，后摆时，屈膝降低重心,上体稍前倾,手尽量往后摆。要点:上下肢动作协调配合,摆动时一伸二屈降重心,上体稍前倾。

图 6-3-2

(2)起跳腾空:两脚快速用力蹬地,同时两臂稍曲由后往前上方摆动,向前上方跳起腾空,并充分展体。要点:蹬地快速有力,腿蹬和手摆要协调,空中展体要充分,强调离地前的前脚掌瞬间蹬地动作。

(3)落地缓冲:收腹举腿,小腿往前伸,同时双臂用力往后摆动,并屈膝落地缓冲。要点:小腿前伸的时机把握好,曲腿前伸臂后摆,落地后往前不往后。

2.锻炼手段

(1)力量练习

肩部肌群:俯卧撑、仰卧飞鸟、俯卧飞鸟、侧平举、颈后上举。

腹部肌群:仰卧起坐、仰卧举腿。

背部肌群:俯卧背屈、跳箱俯卧举腿、体前屈背起。

臀肌:深蹲、单腿跪举腿。

股四头肌:半蹲、浅蹲、弓步跳、跳箱跳。

小腿三头肌:提踵(单脚和双脚)、原地纵跳。

(2)综合练习

①多级蛙跳:屈膝半蹲,上体稍前倾,双脚同时用力蹬地,充分伸直髋、膝、踝三关节,两臂同时迅速上摆。身体向前跃出,双腿屈膝落地缓冲后再接着向前跳;

②深蹲跳:全蹲下去,双脚同时用力向上跳起,连续做;

③单脚跳:用左脚连续向上或向前跳一定的次数,再换右脚做连续跳;

④多级跨步跳:连续以最少的步数,跨出最远的距离;

⑤跳台阶:原地双脚起跳,跃上台阶或其他物体,然后再跳下,反复进行。

3.锻炼方法

(1)挺身跳:原地屈膝开始跳,空中做直腿挺身动作,髋关节完全打开,做出背弓动作,落地时屈膝缓冲。

（2）单足跳前进练习：一般采用左（右）去右（左）回的方法进行练习，距离控制在 25～30 米左右，完成 3～4 组。

（3）收腹跳练习：从原地直立开始起跳，空中做屈腿抱膝动作或双手在腿前击掌，落地时一定要屈膝缓冲。越过一定高度兼远度或一定远度兼高度。

4. 错误动作纠正

（1）预摆不协调。

解决办法：反复做前摆直腿后摆屈膝的动作，由慢到快。

（2）上体前倾过多，膝关节不屈，重心降不下去，形成鞠躬动作。

解决办法：做屈膝动作，眼睛往下看，垂直视线不超过脚尖，熟练后就可不用眼睛看了。

（3）腾空过高或过低。

解决办法：利用一定高度或一定远度的标志线来纠正这类错误效果很好。

（4）收腿过慢或不充分。

解决办法：反复做收腹跳的练习，注意要大腿往胸部靠而不是小腿往臀部靠，动作要及时。

（5）落地不稳，双腿落地区域有较大的差异。

解决办法：多做近距离的起跳落地动作，手臂的摆动要协调配合。地面设置标志物，双脚主动有意识地踩踏标志物。

三、坐位体前屈

1. 技术要领

（1）测试前，受试者应在平地上做好准备活动，以防拉伤。

（2）受试者坐在测试板上，两腿伸直，不可弯曲，脚跟并拢，脚尖分开约 10～15 厘米，踩在测量计垂直平板上，两手并拢。

（3）两臂和手伸直，渐渐使上体前屈，用两手中指尖轻轻推动标尺上的游标前滑（不得有突然前伸动作），直到不能继续前伸时为止。

2. 锻炼手段

（1）静态拉伸：需要拉伸的肌肉被缓慢地拉长并保持在一个舒服的范围 10～30 秒，这里舒服的范围指肌肉被拉长但没有感觉到疼痛的那个位置，也就是说要做到无痛拉伸。当拉伸保持一段时间后，肌肉被拉伸的感觉减少，就可以轻柔地移向更远的位置并保持住。提高柔韧性最佳的静态拉伸时间是 30 秒。

图 6-3-3

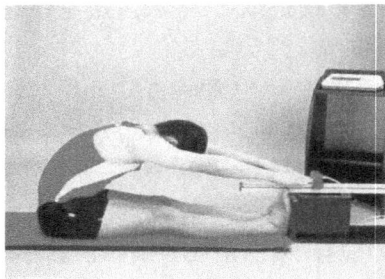

图 6-3-4

（2）被动拉伸：指拉伸者在外力的帮助下完成的拉伸，可以是弹性拉伸，也可以是静态拉伸。被动拉伸时，拉伸者要尽量放松，由外力移动被拉伸的肢体，以获得新的关节活动度（见图 6-3-5）。

3.锻炼方法

（1）可以采用各种拉伸将坐位体前屈分解为以下部分进行拉伸：大腿后部肌群—直膝压腿、屈膝（略屈）压腿；脊柱上部周围肌群—手握单杆静力下垂、手握肋木侧向拉伸；脊柱中下部—采用坐姿两腿屈膝分开前压；臀肌—屈膝（全屈）压腿；小腿后部肌群—弓步前压、扶墙单腿前压。

（2）坐位体前屈拉伸采用静态拉伸比较好，时间为 10～30 秒。

4.锻炼中应注意事项

经过热身活动使肌肉温度升高，拉伸会更有效，所以在测试前准备活动 10～15 分钟，然后进行 2～3 次静力拉伸，每次时间为 10～30 秒。

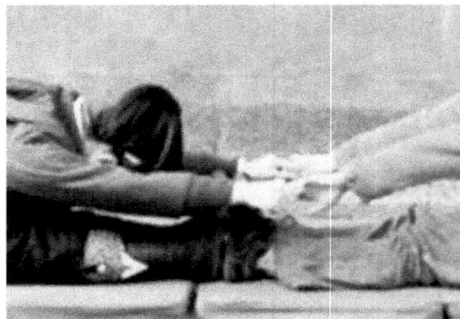

图 6-3-5

四、1 分钟仰卧起坐

1.技术要领

身体平躺仰卧于垫上，双肩胛骨着垫平躺，两腿屈膝，腹部与大腿呈 90°，大腿与小腿呈 90°，两手指交叉贴于脑后，臀部不能离垫面，由同伴压住脚面。用收腹屈背、双臂屈肘前摆内收，低头、含胸的力量起坐，动作协调一致，双肘触及两膝，然后后仰还原成预备姿势（见图 6-3-6，图 6-3-7）。

2.锻炼手段

（1）腹部：仰卧卷腹、静力卷腹。

（2）屈髋肌肉：仰卧举腿、肋木举腿（直腿或屈腿）、站立屈腿举。

（3）仰卧起坐最大力量练习：负重仰卧起坐、静力两头起。

（4）仰卧起坐耐力：相对慢速多重复次数、多组相对快速的计时或计次并控制组间休息时间。

3.锻炼方法

（1）通过分别锻炼腹部和髋部提高躯干屈肌和屈髋肌力量，10～30次，2～4组。

（2）负重仰卧起坐，以 70%～90% 强度，6～8次，3～5组。

（3）相对慢速仰卧起坐来锻炼肌肉有氧能力，10～30次，2～4组。

（4）控制组间间歇的快速仰卧起坐，可采用计时与计次两种方式。计时 10～30 秒，2～4组，间歇 2～4 分钟。计次 10～30 次，2～4组，间歇 2～4 分钟。

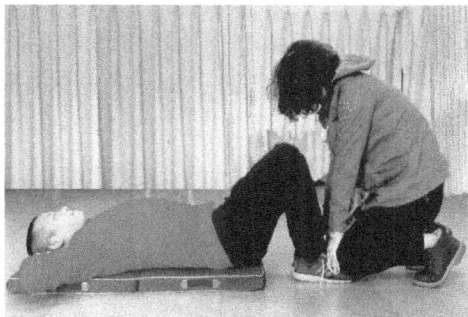

图 6-3-6

图 6-3-7

4.锻炼中应注意事项

虽然仰卧起坐是比较安全的测试方法，但在测试时还有两点需要注意：

（1）在抬起上体的过程中尽量避免颈部过分紧张，要有意识地用腹部肌肉群完成动作；

（2）避免头部在完成动作过程中摆动幅度过大。

五、引体向上

1.技术要领

双手正握单杠，握距要宽，两脚离地，两臂身体自然下垂伸直。向上引体，吸气，注意抬头挺胸，上体尽量后仰，两肘外展，肩部放松，背部肌肉收紧，将身体向上拉引，下颌超越横杠。然后逐渐放松背阔肌，让身体徐徐下降，直到回复完全下垂，重复。

2.锻炼手段

（1）屈肘肌群：直立哑铃弯举、单手哑铃弯举等。

（2）上臂屈肌：俯卧飞鸟、使用橡皮带的直臂下拉等。

（3）模拟引体向上练习：可采用有帮助情况下的引体向上、低杠引体向上、以橡皮带为阻力的下拉（就是双脚不离地，以引体向上动作下拉）等。

3.锻炼方法

(1)对单个关节有针对性地进行力量练习。

①增加最大力量。练习方法有增大肌肉生理横断面和改善肌肉协调能力两种,前者采用最大负重60%～85%的强度,重复4～8次、做5～8组;后者采用最大负重85%以上的强度,重复1～3次、做5～8组。

②增加肌肉耐力,练习方法有大强度间歇循环和低强度间歇循环两种,前者采用最大负重50%～80%的强度,重复10～30次,休息间歇时间为练习时间的2～3倍;后者采用最大负重30%～50%的强度,重复30次以上,甚至最高重复次数。

(2)模拟引体向上练习。动作接近专项动作,可以同时锻炼肩、肘两个关节肌肉力量与协调性,应在单个关节力量练习后做。

(3)完整引体向上可采用分组练习方法来增加练习总次数,例如可以将该人最大完成次数除以二为每组完成次数,做3～4组。

六、1000米跑(男)/800米跑(女)

1.技术要领

800米/1000米跑的姿势应该是全脚掌着地,步伐轻盈,摆臂有力(幅度不用太大)。呼吸要均匀,要有节奏,不能忽快忽慢,呼吸节奏是每3步一呼,每3步一吸,在保持速度的时候感觉呼吸困难,就需要调整为每2步一呼,每2步一吸,保持呼吸均匀和深度一致,这样跑起来才会感到轻快;跑步的过程中要注意抬头收腹,身体在比较低的高度上下起伏,双手自然配合脚步运动,减少身体左右晃动,减少不必要的能量浪费;保持步频,提高步长,来提高成绩。

2.锻炼手段

(1)有氧运动能力

①持续跑:慢速持续跑,节奏轻松,时间为30分钟;快速持续跑,以10千米每小时跑速,时间为10～45分钟。

②长距离低强度重复训练,以3～10千米每小时速度短距离重复跑,次间休息时间等于完成时间,例如以310千米每小时速度跑200米×10次×2组,组间休息5分钟。

③间歇训练法,重复训练法,法特雷克训练法——在持续跑中加入短时间的快速冲刺,10～45分钟。

(2)无氧运动能力

短距离高强度重复训练,80～600米,强度为80%～100%,间歇30秒～10分钟,3～4组。

3.锻炼方法

(1)匀速跑800～1500米:整个过程都以均匀的速度跑。

（2）中速跑 500～1000 米：要跑得轻松自然，动作协调，放开步子跑。

（3）重复跑：反复跑几个段落（如 200 米、400 米或 800 米等），中间休息时间较长，跑的距离、重复次数、快慢强度都可根据自己的情况而定。

（4）加速跑 40～60 米：反复跑，中间有较短时间的间歇。

（5）变速跑 1500～2500 米：要求快跑与慢跑结合，如采用 100 米慢跑、100 米快跑或 100 米慢跑、200 米快跑等方法交替进行。

（6）越野跑：利用自然地形条件练习，如在公路、田野或山坡（上下坡跑）练习。

（7）跑台阶、跑楼梯练习。

4. 锻炼中应注意事项

（1）不宜空腹进行长跑。热身时间不少于 15 分钟，直至内脏器官及心理处于良好的适应状态。在空腹状态下进行长跑容易引起低血糖，出现心悸、乏力、出汗、饥饿感、面色苍白、震颤、恶心呕吐等，较严重的可能导致昏迷甚至死亡。

（2）正确呼吸。一般情况下，可两步或三步一呼，两步或三步一吸，注意节奏不能起伏过大。吸气方式上，应尽量采用鼻呼吸和口鼻混合呼吸。冬季长跑时，可用舌头抵住上颚，以避免冷空气直接大量吸入而造成对气管、支气管的刺激。

（3）不宜在长跑过程中穿得太厚、太臃肿，妨碍身体的运动，加重身体的负担。宜穿比较宽松吸汗、适合运动的棉质服装。运动完后要及时加衣服或更换干爽衣服，以免发生感冒。

（4）在进行 1000 米/800 米测试前如有身体不适，或在测试中有其他异常现象必须与测试老师沟通。

（5）1000 米/800 米结束后应继续走动，不要立刻停下，以免发生意外。

第四节 《国家学生体质健康标准》测试成绩的评分标准

学生体测总分由标准分与附加分之和构成，满分为 120 分。标准分由各单项指标得分与权重乘积之和组成，满分为 100 分。附加分根据实测成绩确定，即对成绩超过 100 分的加分指标进行加分，满分为 20 分。大学生的加分指标为男生引体向上和 1000 米跑，女生 1 分钟仰卧起坐和 800 米跑，各指标加分幅度均为 10 分。

《标准》根据根据学生学年总分评定等级（见表 6-4-1）：90 分及以上为优秀，80～89.9 分为良好，60～79.9 分为及格，59.9 分及以下为不及格。

表 6-4-1 《标准》总分与评定等级对应表

得 分	等 级
90 分及以上	优秀
80～89.9 分	良好
60～79.9 分	及格
59.9 分及以下	不及格

学生体质健康标准成绩每学年评定一次,按评定等级记入国家学生体质健康标准登记卡。学生毕业时的成绩和等级,按毕业当年学年总分的 50% 与其他学年总分平均得分的 50% 之和进行评定。《标准》测试的成绩达不到 50 分者按结业或肄业处理。

因病或残疾免予执行本《标准》的学生,填写《免予执行〈国家学生体质健康标准〉申请表》,存入学生档案。确实丧失运动能力,被免予执行《标准》的残疾学生,仍可参加评优与评奖,毕业时《标准》成绩注明免测。

《标准》实施办法规定:学生《标准》测试成绩评定达到良好及以上者,方可参加评优与评奖;成绩达到优秀者,方可获体育奖学分。《标准》成绩不合格者,在本学年准予补测一次,补测仍不合格者,则学年《标准》成绩为不及格。

一、体重指数(BMI)单项评分表

表 6-4-2 体重指数(BMI)单项评分表(单位:千克/米²)

等 级	单项得分	大学男生	大学女生
正常	100	17.9～23.9	17.2～23.9
低体重	80	≤17.8	≤17.1
超重	80	24.0～27.9	24.0～27.9
肥胖	60	≥28.0	≥28.0

二、测试项目各单项评分表

表 6-4-3　大学男生各单项评分表

等级	单项得分	肺活量（毫升）		立定跳远（厘米）		坐位体前屈（厘米）		引体向上（次）		50米跑（秒）		1000米跑	
		大一大二	大三大四	大一大二	大三大四	大一大二	大三大四	大一大二	大三大四	大一大二	大三大四	大一大二	大三大四
优秀	100	5040	5140	273	275	24.9	25.1	19	20	6.7	6.6	3′17″	3′15″
	95	4920	5020	268	270	23.1	23.3	18	19	6.8	6.7	3′22″	3′20″
	90	4800	4900	263	265	21.3	21.5	17	18	6.9	6.8	3′27″	3′25″
良好	85	4550	4650	256	258	19.5	19.9	16	17	7.0	6.9	3′34″	3′32″
	80	4300	4400	248	250	17.7	18.2	15	16	7.1	7.0	3′42″	3′40″
及格	78	4180	4280	244	246	16.3	16.8			7.3	7.2	3′47″	3′45″
	76	4060	4160	240	242	14.9	15.4	14	15	7.5	7.4	3′52″	3′50″
	74	3940	4040	236	238	13.5	14.0			7.7	7.6	3′57″	3′55″
	72	3820	3920	232	234	12.1	12.6	13	14	7.9	7.8	4′02″	4′00″
	70	3700	3800	228	230	10.7	11.2			8.1	8.0	4′07″	4′05″
	68	3580	3680	224	226	9.3	9.8	12	13	8.3	8.2	4′12″	4′10″
	66	3460	3560	220	222	7.9	8.4			8.5	8.4	4′17″	4′15″
	64	3340	3440	216	218	6.5	7.0	11	12	8.7	8.6	4′22″	4′20″
	62	3220	3320	212	214	5.1	5.6			8.9	8.8	4′27″	4′25″
	60	3100	3200	208	210	3.7	4.2	10	11	9.1	9.0	4′32″	4′30″
不及格	50	2940	3030	203	205	2.7	3.2	9	10	9.3	9.2	4′52″	4′50″
	40	2780	2860	198	200	1.7	2.2	8	9	9.5	9.4	5′12″	5′10″
	30	2620	2690	193	195	0.7	1.2	7	8	9.7	9.6	5′32″	5′30″
	20	2460	2520	188	190	−0.3	0.2	6	7	9.9	9.8	5′52″	5′50″
	10	2300	2350	183	185	−1.3	−0.8	5	6	10.1	10.0	6′12″	6′10″

表 6-4-4　大学女生各单项评分表

等级	单项得分	肺活量（毫升）		立定跳远（厘米）		坐位体前屈（厘米）		引体向上（次）		50米跑（秒）		1000米跑	
		大一大二	大三大四	大一大二	大三大四	大一大二	大三大四	大一大二	大三大四	大一大二	大三大四	大一大二	大三大四
优秀	100	3400	3450	207	208	25.8	26.3	56	57	7.5	7.4	3′18″	3′16″
	95	3350	3400	201	202	24.0	24.4	54	55	7.6	7.5	3′24″	3′22″
	90	3300	3350	195	196	22.2	22.4	52	53	7.7	7.6	3′30″	3′28″
良好	85	3150	3200	188	189	20.6	21.0	49	50	8.0	7.9	3′37″	3′35″
	80	3000	3050	181	182	19.0	19.5	46	47	8.3	8.2	3′44″	3′42″
及格	78	2900	2950	178	179	17.7	18.2	44	45	8.5	8.4	3′49″	3′47″
	76	2800	2850	175	176	16.4	16.9	42	43	8.7	8.6	3′54″	3′52″
	74	2700	2750	172	173	15.1	15.6	40	41	8.9	8.8	3′59″	3′57″
	72	2600	2650	169	170	13.8	14.3	38	39	9.1	9.0	4′04″	4′02″
	70	2500	2550	166	167	12.5	13.0	36	37	9.3	9.2	4′09″	4′07″
	68	2400	2450	163	164	11.2	11.7	34	35	9.5	9.4	4′14″	4′12″
	66	2300	2350	160	161	9.9	10.4	32	33	9.7	9.6	4′19″	4′17″
	64	2200	2250	157	158	8.6	9.1	30	31	9.9	9.8	4′24″	4′22″
	62	2100	2150	154	155	7.3	7.8	28	29	10.1	10.0	4′29″	4′27″
	60	2000	2050	151	152	6.0	6.5	26	27	10.3	10.2	4′34″	4′32″
不及格	50	1960	2010	146	147	5.2	5.7	24	25	10.5	10.4	4′44″	4′42″
	40	1920	1970	141	142	4.4	4.9	22	23	10.7	10.6	4′54″	4′52″
	30	1880	1930	136	137	3.6	4.1	20	21	10.9	10.8	5′04″	5′02″
	20	1840	1890	131	132	2.8	3.3	18	19	11.1	11.0	5′14″	5′12″
	10	1800	1850	126	127	2.0	2.5	16	17	11.3	11.2	5′24″	5′22″

三、加分指标评分表

表 6-4-5 加分指标评分表

加　分	引体向上（男）/次	1 分钟仰卧起坐（女）/次	1000 米跑（男）	800 米跑（女）
10	10	13	−35″	−50″
9	9	12	−32″	−45″
8	8	11	−29″	−40″
7	7	10	−26″	−35″
6	6	9	−23″	−30″
5	5	8	−20″	−25″
4	4	7	−16″	−20″
3	3	6	−12″	−15″
2	2	4	−8″	−10″
1	1	2	−4″	−5″

注：1.引体向上、一分钟仰卧起坐均为高优指标，学生成绩超过单项评分 100 分后，以超过的次数所对应的分数进行加分。

2.1000 米跑、800 米跑均为低优指标，学生成绩低于单项评分 100 分后，以减少的秒数所对应的分数进行加分。

参考文献

1. 冯昶,陈惠琼. 无线电"猎狐"[M]. 北京:人民邮电出版社,1985.

2. 中国无线电运动协会教练委员会. 无线电测向爱好者读本[M]. 北京:人民邮电出版社,1989.

3. 朱家骏,唐洁,陈家庄. 猎狐高手——无线电测向运动揭密[M]. 北京:中国社会出版社,2003.

4. 何选,陈华. 校园无线电测向教程[M]. 北京:人民体育出版社,2006.

5. 苏燕生. 无线电"猎狐"和全程定向越野训练学[M]. 北京:国防大学出版社,2010.

6. 熊开封,扶健华,孙利敏. 无线电测向理论与实践[M]. 成都:西南交通大学出版社,2011.

7. 扶健华. 无线电测向运动教学与训练[M]. 广州:华南理工大学出版社,2012.

8. 任顺龙. 无线电测向原理及习题解答[M]. 上海:上海科学技术文献出版社,1993.

9. 贾玉涛. 无线电导航[M]. 北京:国防工业出版社,1983.

10. 肖景和,赵健. 初学无线电:基础知识精讲[M]. 北京:人民邮电出版社,2006.

11. 荆自亮. 无线电测向对素质教育的促进作用[J]. 新选择,2006 年第 2 期.

12. 包敦峰. 无线电测向运动的特点分析及训练研究[J]. 体育科研,2011 年第 6 期.

13. 陈华. 无线电测向运动教学与大学生意志品质的培养[J]. 杭州电子科技大学学报(社会科学版),2009 年第 1 期.

14. 熊开封. 高校开设无线电测向素质课程的探讨[J]. 太原城市职业技术学院学报,2008 年第 6 期.

15. 邵永祥,申伟华. 定向运动与无线电测向运动之比较[J]. 湘潭师范学院学报(自然科学版),2006 年 3 月.

图书在版编目(CIP)数据

无线电测向 / 董育平主编. —杭州：浙江大学出版社，2017.3(2024.7 重印)

ISBN 978-7-308-16237-1

Ⅰ.①无… Ⅱ.①董… Ⅲ.①测向运动（无线电运动）—教材 Ⅳ.①G876

中国版本图书馆 CIP 数据核字（2016）第 233155 号

无线电测向

董育平　主编

丛书策划	葛　娟	
责任编辑	葛　娟	
责任校对	李　晨	
封面设计	周　灵	
出版发行	浙江大学出版社	
	（杭州市天目山路 148 号　邮政编码 310007）	
	（网址：http://www.zjupress.com）	
排　　版	杭州青翊图文设计有限公司	
印　　刷	广东虎彩云印刷有限公司绍兴分公司	
开　　本	787mm×960mm　1/16	
印　　张	12.75	
字　　数	265 千	
版 印 次	2017 年 3 月第 1 版　2024 年 7 月第 3 次印刷	
书　　号	ISBN 978-7-308-16237-1	
定　　价	25.00 元	